# 达尔文传

1809—1882

# Charles Darwin

［美］J.大卫·阿奇博尔德 著　李虎　张薇 译

中国友谊出版公司

图书在版编目(CIP)数据

达尔文传 /(美)J.大卫·阿奇博尔德著;李虎,
张薇译. -- 北京:中国友谊出版公司, 2025.4.
ISBN 978-7-5057-5956-5
Ⅰ. K835.616.15

中国国家版本馆CIP数据核字第2024UJ5042号

著作权合同登记号 图字:01-2024-2645

*Charles Darwin* by J. David Archibald was first published by Reaktion Books
in the Critical Lives Series, London, UK, 2021.Copyright © J. David Archibald 2021
本书简体中文版专有版权经由中华版权服务有限公司授予北京创美时代国际
文化传播有限公司。

| 书名 | 达尔文传 |
|---|---|
| 作者 | [美]J.大卫·阿奇博尔德 |
| 译者 | 李虎 张薇 |
| 出版 | 中国友谊出版公司 |
| 发行 | 中国友谊出版公司 |
| 经销 | 新华书店 |
| 印刷 | 北京中科印刷有限公司 |
| 规格 | 880毫米×1230毫米 32开 |
|  | 8.25印张 171千字 |
| 版次 | 2025年4月第1版 |
| 印次 | 2025年4月第1次印刷 |
| 书号 | ISBN 978-7-5057-5956-5 |
| 定价 | 59.00元 |
| 地址 | 北京市朝阳区西坝河南里17号楼 |
| 邮编 | 100028 |
| 电话 | (010)64678009 |

如发现图书质量问题,可联系调换。质量投诉电话:(010)59799930-601

致格洛丽亚·巴德——
人的一生只不过是不可估量的进化时间中的一瞬间，
我真的很幸运能和你一起度过这一瞬间

查尔斯·达尔文,约 1855 年

# 前　言

历史上充满了偶然事件，科学史上也不例外。1858年，查尔斯·罗伯特·达尔文（Charles Robert Darwin）已经断断续续地研究了20年"物种问题"，即今天我们所说的进化论。6月，一封信和一篇论文从遥远的东南亚岛屿寄来。阿尔弗雷德·拉塞尔·华莱士（Alfred Russel Wallace）寄来的这篇论文构成了一种威胁，可能会使达尔文毕生的研究成果成为废纸。华莱士独立发现了自然选择方式下的世代递嬗。尽管两人所用的词汇不同，但达尔文意识到华莱士的许多论点与自己的非常相似，几乎可以用作自己书中章节的标题。达尔文的朋友、以前的导师、苏格兰地质学家查尔斯·莱尔（Charles Lyell）曾多次警告达尔文，这样的事件很有可能发生。当时，对进化的兴趣早已在社会上蔓延。

10多年前就已经出现了匿名撰写的《创世自然史的遗迹》（*Vestiges of the Natural History of Creation*）一书。尽管这本书很受公众欢迎，却在科学上受到了抨击，不过它还是促使公众和科学家对进化这个话题进行了更严肃的考虑。达尔文为如何处理华莱士的信件和论文苦恼不已。莱尔和英国植物学家约瑟夫·道尔顿·胡克（Joseph Dalton Hooker）提出了一个值得尊敬的解决方案：下个月，在林奈学会会议上宣读华莱士和达尔文的"联合论文"，将达尔文和华莱士并列为自然选择导致进化的共同发现者。达尔文其实多虑了，因为两人的联合论文在内行人中几乎没有引起反响。

华莱士帮了我们一个大忙。如果华莱士没有把自己的信和论文寄给达尔文，达尔文可能会继续犹豫多年，写一部厚重的、无人愿意翻开的多卷本著作。历史与此相反，从那个夏天开始到第二年，达尔文都在辛苦工作，撰写一部短小的著作。他希望在书名中将此书注明为摘要，但他的出版商约翰·默里（John Murray）表示反对，因为这本书的出版页数将略超过500页。它只包括一幅图——一幅表明物种进化史设想的折叠图。这本书不仅会颠覆科学界，而且会进一步侵蚀人类（尤其是欧洲白人男性）在"上帝创造"的世界中为自己雕凿的崇高地位。

达尔文并不是一位广泛意义上的、知识涵盖各种学科的博学家。19世纪许多博物学家，如达尔文，展现了比20世纪和21世纪科学家更广泛的科学知识。就达尔文来说，这种范围尤其广泛，甚至比他同时代的许多人都要广泛；而更突出的是，他在大多数领域都明显做出了重要贡献。显然，他与华莱士分享的最高发现——自然选择，今天仍然被认为是进化的主要驱动力。年轻时，达尔文目睹了当时地质学和生物学的加速、蓬勃发展，这些科学将人类置于大自然中的一个新位置。就连他的祖父伊拉斯谟·达尔文（Erasmus Darwin）也在1794—1796年的《生物规律学》（*Zoonomia*）中写下了充满进化信息的诗歌和散论:"想象所有温血动物都来自一丝活体,这会不会太大胆。"[1] 查尔斯·达尔文早年当然不知道自己未来的研究会远远超出他祖父的理念,证明进化已经发生并方兴未艾、人类的正确地位是在自然界中。达尔文在自传中提到,他16岁的时候,父亲斥责他"只关心射击、逗狗和抓老鼠",并说他会"给你自己和全家人带来耻辱"。[2] 幸运的是,父亲最终宽容的认可、剑桥大学一位伟大导师的鼓励,以及一个偶然的机会,这几个因素让达尔文登上了人类历史和伟大科学成就的舞台。

1836年10月,达尔文乘坐小猎犬号完成了近5年的考察,返回英国时,他已经让自己相信了进化的真实性。信心来自他所见证的动物群演替(尤其在澳大利亚、南美洲等大陆)、各大陆和海洋中现存动植物的地理分布,以及在远离大陆的海洋岛(加拉帕戈斯群岛等)上发现的相当奇特的动植物。1837年,他开始在私人笔记本上写下自己的发现和思考,但当时他还没有想出进化变化的机制。不到一年,他就读到了托马斯·罗伯特·马尔萨斯(Thomas Robert Malthus)的著作;这部论著讲述了如果不受饥荒、疾病、战争的制约,人口将如何增加。达尔文意识到这也适用于大自然,创造了"自然选择"一词来描述自然界物种中个体的筛选过程。自然选择证明了种群变化、增长的伟大力量和制约因素。直到20多年后,达尔文才在《物种起源》(*On the Origin of Species*)中公布自己的发现,永远改变了我们对自己在自然界中之地位的观点。达尔文不仅提供了进化的证据,而且与华莱士一起,率先提供了一种可验证的进化机制——自然选择。

今天我们称其为自然选择进化论。从科学家使用"论"这个词的意义上来说，这当然是一个理论，但科学家也把太阳系日心说、万有引力论、大地球形说，称为"理论"。就像我们接受地球围绕太阳转、苹果从树上掉下来、地球是圆的这些事实一样，我们也知道生命的进化由来已久、方兴未艾。

## 注　释

1　伊拉斯谟·达尔文，《生物规律学》（London，1796），第 509 页。
2　查尔斯·达尔文，《查尔斯·达尔文自传：1809—1882 年》（*The Autobiography of Charles Darwin, 1809–1882*, London，1958），诺拉·巴洛（Nora Barlow）编，第 28 页。

# 目 录

第一章　关于母亲的一些记忆　1

第二章　爱丁堡的尝试，剑桥的成功　17

第三章　生命中最重要的事件　39

第四章　新的科学职业生涯与新婚妻子　71

第五章　一次重要的搬迁　93

第六章　他在哪里研究他的藤壶？　109

第七章　莱尔的话一语成谶　123

第八章　评论和反响　151

第九章　让"大书"开花结果　179

第十章　把玩植物、逗弄蚯蚓　197

第十一章　一点也不惧怕死亡　215

参考书目　239

致　谢　249

# 第一章

## 关于母亲的一些记忆

英格兰什罗普郡什鲁斯伯里城外，一座乔治亚风格的高大住宅坐落在赛文河畔的高地上。如今，政府估价署在其中办公，其职能顾名思义是估价房产以缴纳税金。该建筑落成于1800年，当时被称为蒙特或蒙特山庄，它现今的用途平淡无奇，但它在历史上曾发挥过相当大的作用。1809年2月12日，自然选择的共同发现者查尔斯·罗伯特·达尔文就出生在这里。自然选择是控制生物的大多数进化变化的强大机制。达尔文对生物学和人类在自然界地位的认识做出了不可磨灭的贡献，而在此之前，他的家族就已具有相当成就。

查尔斯·达尔文的祖父伊拉斯谟是一位备受尊敬的著名内科医生、自然哲学家（科学家的前身）和诗人。他在剑桥大学完成了本科学习，然后在爱丁堡大学完成了医学教育，他的儿子罗伯特（Robert）和孙子伊拉斯谟·阿尔维·拉斯（Erasmus Alvey 'Ras'）也是在爱丁堡大学完成了医学教育，但另一个孙子查尔斯·达尔文则没有完成。伊拉斯谟在西米德兰兹郡的利奇菲尔德行医济世50多年，收入丰厚。他的一些著作明确主

什鲁斯伯里的蒙特山庄，达尔文的出生地

张拉马克（Lamarck）式的进化，即生物的亲代特征在一生中用进废退，然后将这些特征传递给后代；其观点的提出甚至早于拉马克。他倡导这一理论的主要作品包括《生物规律学》和《自然之殿》(*The Temple of Nature*)。他的孙子查尔斯·达尔文当然知道自己的祖父曾经优雅地涉足进化，达尔文在《物种起源》后期版本的历史概述中承认，祖父是自己进化论的先驱。祖孙二人没有见过面，伊拉斯谟去世7年后，查尔斯·达尔文才出生。

伊拉斯谟·达尔文参与了月光社的筹建，这个团体在英格兰伯明翰附近地区颇具影响力，其成员包括自然哲学家、知识分子、早期实业家。月光社的名字来源于会员在每个月满月时

查尔斯·达尔文的祖父伊拉斯谟·达尔文,约1803年

举行聚会活动,这一天他们赶夜路会有更好的光亮。在美国独立战争前的1764—1775年,本杰明·富兰克林(Benjamin Franklin)第二次出访英国期间,伊拉斯谟还是富兰克林的朋友和通信者。伊拉斯谟结过两次婚,至少有14个孩子,其中包括和一名雇员生的两个非婚生女儿,有传言说他还和一名有夫之妇生了一个孩子。伊拉斯谟积极倡导对女性进行正规的、以学校为基础的教育,尽管他本人对女性的行为可能并不体面。

18世纪90年代,60多岁的伊拉斯谟已经是闻名全国的医生和诗人,前来问诊的病人远自伦敦。一位女患者及其在王室担任家庭教师的表妹盛赞伊拉斯谟·达尔文对自己的治疗。家

查尔斯·达尔文的父亲罗伯特·韦林·达尔文，1839年

庭教师的求医故事传到英国国王乔治三世（George III）的耳中，国王问询伊拉斯谟能否来伦敦担任御医。伊拉斯谟谢绝了，因为他年事渐高，已经在缩减自己的业务，就连对当地患者的出诊次数都在减少。

查尔斯·罗伯特·达尔文的父亲罗伯特·韦林·达尔文（Robert Waring Darwin）是伊拉斯谟·达尔文和玛丽·达尔文（Mary Darwin）的第四个孩子。罗伯特·韦林·达尔文从父亲和不同的亲戚那里继承了一些遗产，对其进行了明智的打理，其中就包括1800年建造的蒙特山庄。他从自己在什鲁斯伯里的房产中获得租金，并投资于伦敦至霍利黑德（Holyhead）的公路、特伦特和默西运河（Trent and Mersey Canal）这类项目，这两个项目后来在英国工业化过程中大获成功。罗伯特子承父业，像伊拉斯谟一样行医济世，是非常成功的内科医生，周到地照顾自己的病人，甚至超过他的父亲。他身高1.88米，非常肥胖，最后一次称体重时已重达150公斤。罗伯特像当时的其他医生（特别是大城市以外的医生）一样，经常乘坐轻便、新潮的两轮单驾马车去病人家中出诊。由于他体型沉重，他的马车夫有时必须先在病人家里试踏地板，以确定地板能承受这位名医的体重（尤其是对于家境一般的病人来说）。达尔文后来笑称父亲是"我所知道的最大的人物"。尽管在中年时体重有所增加，但1.83米的达尔文并没有遗传其父、其祖的肥大腰围，这可能是因为他成年后大部分时间里患有胃病，从而导致身体虚弱。

查尔斯·达尔文的外祖父乔赛亚·韦奇伍德（Josiah Wedgwood）既是月光社的成员，也是伊拉斯谟·达尔文的朋友。1759年，乔赛亚创建了著名的陶器制造企业——后来的乔赛亚·韦奇伍德父子公司。他以系统性实验改进自己的产品而闻名，为了满足上流社会的高尚品位，生产高质量的产品；还生产更便宜的版本，以吸引更广泛、较朴实的客户。

达尔文、韦奇伍德两家都坚决反对奴隶制，查尔斯·达尔文在成长过程中也学到了这一点。乔赛亚·韦奇伍德大量生产一种小徽章，以其镌文"难道我不是一个人，一个兄弟吗？"而闻名，镌文下面的图像是一个恳求的、戴着镣铐的非洲男子。主张废除奴隶制的议会领袖威廉·威尔伯福斯（William

达尔文的外祖父乔赛亚·韦奇伍德

Wilberforce）和乔赛亚·韦奇伍德就这件国家大事多次通信，甚至曾到访韦奇伍德的府邸——伊特鲁里亚庄园（Etruria Hall）。也许是命运的安排，许多年后，韦奇伍德的外孙查尔斯·达尔文和威尔伯福斯后来成为主教的儿子塞缪尔·威尔伯福斯（Samuel Wilberforce）因进化著作而成为针锋相对的敌人。塞缪尔·威尔伯福斯可能是后来阻挠达尔文获得爵士头衔的关键人物。

查尔斯·罗伯特·达尔文的母亲苏珊娜·韦奇伍德（Susannah Wedgwood）是乔赛亚和莎拉·韦奇伍德（Sarah Wedgwood）的第一个孩子。在人们眼中，她充满活力、聪明伶俐，很受欢迎，她和父亲也特别亲近。苏珊娜既在家里接受教育，也到寄宿学校学习。1794年，29岁的罗伯特·韦林·达尔文和28岁的苏珊娜订婚，两年后结婚。罗伯特的父亲伊拉斯谟和苏珊娜的父亲乔塞亚是多年的老友，所以这两个年轻人的结合并不令人意外。

罗伯特和苏珊娜共生有6个孩子——玛丽安娜（Marianne，1798）、卡罗琳·萨拉（Caroline Sarah，1800）、苏珊·伊丽莎白（Susan Elizabeth，1803）、伊拉斯谟·阿尔维·拉斯（1804，和他们的祖父同名）、查尔斯（Charles，1809）和最小的埃米莉·凯瑟琳（Emily Catherine，1810）。在一幅埃米莉·凯瑟琳和查尔斯·达尔文的肖像画中，查尔斯紧抱着一盆花，这或许是多年生的立金花，预示着他未来将成为一名博物学家。

达尔文家中，只有4个大孩子记得母亲的很多事情，因为母亲52岁就去世了，死因是未确诊的胃病，可能是胃癌或严重的胃溃疡。查尔斯8岁即丧母，后来他只记得母亲在病床上去世和她的黑色长袍。母亲去世后，姐姐们照顾查尔斯和只比他小一岁的最小的妹妹埃米莉·凯瑟琳。查尔斯与母亲那边的亲人联系紧密，他的舅舅乔赛亚·韦奇伍德二世（Josiah Wedgwood II）和9个孩子住在东北方约48公里的梅尔庄园（Maer Hall），查尔斯经常到那里走亲戚。1839年，达尔文与表姐艾玛结婚，艾玛是韦奇伍德家最小的孩子。这场婚姻给达尔文的一生留下了深远的影响，但这是20多年后的事情了。

达尔文家和韦奇伍德家的大部分人，包括查尔斯·达尔文

反奴隶徽章上面刻有文字:"难道我不是一个人,一个兄弟吗?"乔赛亚·韦奇伍德于1786年后制造,采用了将陶土镶入玄武岩的工艺

的祖父伊拉斯谟·达尔文和外祖父乔赛亚·韦奇伍德,都信奉上帝一位论,这一教派当时的主张更加自由,甚于今日。它拒绝了大多数其他基督教教派相信的教义,如《圣经》绝对无误、原罪论和预定论。两家人都信奉查尔斯的祖父伊拉斯谟常说的一句话,即一位论是"接住坠落的基督徒的羽毛床"。此外,一些人,如查尔斯的母亲苏珊娜,虽然去什鲁斯伯里高街的一位论教堂做礼拜,但坚定地站在英国国教的立场上。1809年,苏珊娜让查尔斯在什鲁斯伯里的圣查德教堂受洗。后来,查尔斯的母亲苏珊娜、父亲罗伯特,以及姐妹埃米莉·凯瑟琳和苏

珊,都被葬在圣查德教堂的墓地。幼年查尔斯曾和母亲一起去这个教堂做礼拜,母亲去世后,他和姐姐们一起去高街的一位论教堂。查尔斯和哥哥拉斯都在英国国教会受洗,他们很清楚,被牛津大学、剑桥大学录取的前提条件有三,即成为英国国教会的成员、白人男性、认可《宗教三十九条》(*Thirty-nine Articles of Religion*)的教义与实践。

少年达尔文从来不是一个用功的孩子。从很小的时候起,这个小男孩就活泼好动,表现出对户外和大自然的热情,这让他的父亲感到震惊。这不能怪孩子,因为蒙特山庄的周围环境为他提供了近距离观察大自然的机会。他喜欢收集各种各样的

达尔文的母亲苏珊娜·韦奇伍德,1793年,象牙水彩画,小彼得·派卢(Peter Paillou the Younger)绘

东西，尤其是自然物品。在一定程度上，这是为了在一个由姐姐们主导的家庭中脱颖而出，但也是因为他的父母提供了充足的机会来激发他的兴趣。而未来达尔文在养育自己的孩子时，也会沿用这种育儿方法。达尔文开始收集昆虫之后，他听从了一位姐姐的建议，只收集已经死亡的昆虫，因为仅仅为了收集昆虫而杀生是不友好的。蒙特山庄还有一个设施齐全的温室，里面种着奇异的植物，年幼的达尔文喜欢独自一人待在那里。家里驯养了各种花哨的鸽子，它们肯定吸引了这位博物少年、未来博物学家的注意——后来，达尔文重燃热情，通过饲育鸽子研究驯养物种的变异。他更喜欢大自然，不喜欢待在教室里接受古板的教育。

达尔文的父亲拥有一个藏书丰富的图书室，其中包括许多关于大自然的卷册。尽管少年达尔文在性情上不像一名学者，但毫无疑问，他在那里发现了能够激起自己对自然科学兴趣的书籍。达尔文在晚年的自传中，特别提到吉尔伯特·怀特（Gilbert White）的《塞耳彭的自然历史和古迹》(*The Natural History and Antiquities of Selborne*)。他在自传中说，怀特的书让他对鸟类世界产生兴趣，他观察鸟类，开始学习如何记录它们的习性。[1] 他还讲述了自己的哥哥拉斯如何让他对化学产生了男孩子气的热情。拉斯在庭院工具间里建造了一个像模像样的实验室，里面有做实验所需的设备。他让小查尔斯担任自己的助手，制造各种气体和化合物。达尔文还讲到，自己阅读了各类化学书籍，从中了解到实验室里的化学反应是如何发生的。对他来说，这才是真正的教育，远胜过枯坐在令人感到压

查尔斯·达尔文和妹妹凯瑟琳·达尔文，1816年，肖像画，艾伦·夏普尔斯（Ellen Sharples）绘

抑、处处受限的正规课堂里。他做化学实验的消息最终传到了他戏谑的什鲁斯伯里同学那里，他们给他起了个绰号叫"嘎斯"。这让他更加鄙视正式教育，认为这种追求是浪费时间。[2]

后来达尔文进入了一所日间学校接受正式教育，学校由一名一位论主义者经营，并与母亲曾带他参加过的一位论教堂有关系。母亲去世后，达尔文于1818年进入了塞缪尔·巴特勒（Samuel Butler）博士管理的英国国教什鲁斯伯里中学，并在那里学习到16岁，即1825年。这位塞缪尔·巴特勒是流行小说《埃瑞璜》（Erewhon）作者塞缪尔·巴特勒的祖父（祖孙二人同名），该小说描写了一个有乌托邦和反乌托邦特点的社会。

作家塞缪尔·巴特勒后来曾批评达尔文的进化论，指控达尔文抄袭了他人的理论成果，包括达尔文自己的祖父伊拉斯谟。达尔文是塞缪尔·巴特勒校长门下的一名寄宿生，尽管他家离学校只有一英里远。正如他所述，他跑得很快，经常在课余时间跑回家，然后再跑回学校，可以在锁门之前回到学校。[3]

达尔文对巴特勒的学校评价很低。据他回忆，他在那里几乎没获得任何教育，因为学校只教授古代地理和历史等古典科目。说实话，虽然对于活泼淘气的男孩来说，学校无疑是枯燥乏味的，但达尔文是第一个承认自己在学术生涯中忽视课堂教育的名人。正如达尔文在自传中提到，他被认为是相当平凡的学生，智力略低于平均水平。他的父亲有一句经典语录："你只关心打猎、逗狗和捉老鼠，你会给自己和全家带来耻辱。"这句话值得反复回味，因为它再一次向我们预示了达尔文未来投身于自然和科学的职业生涯。[4]达尔文知道父亲非常疼爱他，但是这位十几岁的少年执意忽视正规教育，这严重地考验着他父亲的慈爱。

1825年，罗伯特让16岁的查尔斯·达尔文从什鲁斯伯里中学退学，安排他进入爱丁堡大学。那个夏天，达尔文为穷人（特别是儿童和妇女）提供医疗服务，勤奋地工作，为前往爱丁堡上学做准备，以期成为像他的祖父、父亲、兄长一样的医生。有一次，他报告照顾了多达12位病人。他尽职尽责，力求完整记录手头的病例，注意病人的症状。他会询问父亲，父亲会引导他如何进行下一步治疗，包括用哪些药物，然后达尔文会为他的病人开处方。

什鲁斯伯里中学老校舍

达尔文对医学工作产生了强烈兴趣，但必须记住，那个夏天他只有 16 岁。他的父亲鼓励他，说他将成为一名成功的医生。[5] 经历了青春洋溢的夏季行医体验之后，达尔文很快就会面临学术和临床上的困难，他需要克服这些难关才能成为一名医生。几个月后，他第一次离家，和哥哥拉斯一起前往爱丁堡求学。他被安置在一座 19 世纪繁荣的苏格兰城市的中心，而他并未对此做好准备。

## 注　释

1　查尔斯·达尔文,《查尔斯·达尔文自传：1809—1882 年》, 第 45 页。
2　同上书, 第 45—46 页。
3　同上书, 第 25 页。
4　同上书, 第 28 页。
5　同上书, 第 47—48 页。

第二章

爱丁堡的尝试,剑桥的成功

1825年10月，查尔斯和哥哥拉斯一样，走进了爱丁堡大学，跟随祖父和父亲的脚步，追求自己的医学生涯。而拉斯正在爱丁堡"访学"，进行剑桥大学基督学院（Christ's College）要求的为期一年的住院医生实习，为成为一名医生而努力。达尔文即将在爱丁堡大学迎来一段全新的但磕磕绊绊的学术体验。

查尔斯和拉斯租住在麦凯夫人（Mrs Mackay）的一间房子里，位于爱丁堡老城的洛锡安街11号。拉斯在爱丁堡的那一年，两兄弟一直住在那里，第二年查尔斯搬到了不远处的一个小公寓，也在洛锡安街。查尔斯在写给父亲的信中描述道，他和哥哥的住处在四楼，有两间卧室和一间客厅，光线明亮，通风良好，这个房间是爱丁堡稀有的好房子，其他房间往往缺乏这两个优点。[1]

达尔文抵达爱丁堡时，这座城市已经被塑造成"北方的雅典"。这个称号也许有些自命不凡，但爱丁堡的确拥有一些可以夸耀的宏伟建筑，同时也是经济、哲学、医学的重要中心。

18世纪，这里曾是化学家约瑟夫·布莱克（Joseph Black）、传记作家詹姆斯·鲍斯韦尔（James Boswell）、哲学家大卫·休谟（David Hume）、地质学家詹姆斯·赫顿（James Hutton）、经济学家亚当·斯密（Adam Smith）等一系列名人的故乡。

两兄弟对爱丁堡的宏伟建筑印象深刻，但对城市的肮脏不堪不太满意。此外令他们失望的是，有一些大学建筑从他们父亲还是学生时就开始建造，这时仍未完工。最终，这些对查尔斯来说其实无关紧要，因为他仍不热衷正规学业，尤其厌恶讲座，他在回忆时说那些讲座极其乏味。在爱丁堡大学，讲座构成他正式教育的大部分。达尔文的一些讲师在自己的领域里很有名，但这并没有阻止达尔文多年后在自传中猛烈地抨击他们。比如年轻的药物学教授安德鲁·邓肯（Andrew Duncan），听他关于药物历史和用途的早间讲座是非常可怕的经历。达尔文称著名解剖学家亚历山大·蒙罗（Alexander Monro）"三世"的人体解剖学讲座和他本人一样乏味。蒙罗之所以获得"三世"的绰号，是因为他继承了父亲、祖父的同名讲席教授职位，讲授解剖学。唯一有意思的讲座教师是化学教授托马斯·查尔斯·霍普（Thomas Charles Hope）。霍普向这位少年介绍了被称为岩浆论或火成论的地质学理论，这种理论认为并非所有岩石都是从水中沉淀形成的，有一些是通过地球中的热力形成的，例如通过火山活动。不久后，该理论的一种变体将成为主流地质学理论。[2]

达尔文作为一名医学生，需要参加临床示教，特别是外科示教，这些最终使他放弃了医学。他尽职尽责地参与了临床查

爱丁堡大学的历史中心——旧学院，1840年

房，但观察到的许多病例让他感到非常痛苦。尽管在抵达爱丁堡的前一个夏天，他很乐意陪同父亲在什鲁斯伯里地区出诊看病，但现在学医的确令他痛苦。当时全身麻醉技术尚未出现，他参加了两次恐怖的手术，这是压垮他医学生涯的最后一根稻草。他说自己在观察一场儿童手术时无法忍受，从手术室冲了出来，从此再也不去手术室了。

达尔文后悔在爱丁堡期间没有接受实际的解剖指导，这个科目不同于当时的残酷手术，对他后来的科学追求非常有益。不过他确实从前奴隶约翰·埃德蒙斯通（John Edmonstone）那里学到了制作鸟类标本的宝贵手艺。[3] 埃德蒙斯通向青年达尔文讲述了南美洲热带地区的故事。埃德蒙斯通生而为奴，在今圭亚那的一个种植园当奴隶时，曾跟随英国博物学家、保育主义者查尔斯·沃特顿（Charles Waterton）学习技能。埃德蒙斯通跟着他的前主人来到格拉斯哥，后来搬到爱丁堡，在洛锡安街 37 号教授剥制标本，学生中就包括达尔文。达尔文住在同一条街上。

达尔文从未直接提过埃德蒙斯通的名字，只是在 1826 年写给姐姐苏珊·伊丽莎白的一封信中称"黑摩尔人"教他如何填充鸟类标本。[4]"黑摩尔人"一词是对非裔黑人的一种有些轻蔑的称呼。达尔文用这样轻蔑的称呼来称呼这个人，可能是无心之举，毕竟他从父母双方的家族中都了解到奴隶制度的邪恶。达尔文继承了达尔文家和韦奇伍德家的反奴隶制理念。1807 年的《禁止奴隶贸易法》在达尔文出生前颁布，但直到 1833 年，英国的所有殖民地才宣布废除奴隶制度。

兄长拉斯在爱丁堡大学为期一年的"访学"结束后回到剑桥大学，达尔文开始扩展自己的社交和学术视野。正是从这些交往中，我们可以看到他开始从猎人、运动好手、收藏家转变为一个初露头角的博物科学家。同时，他也接触到了祖父伊拉斯谟撰写的进化论著作，虽然他读了，但从未真正消化或与他人讨论过。而这一切都将发生改变。

达尔文结识了一些年轻人，他们分享科学理论和想法。年轻的执证医生、将来的地质学家威廉·弗朗西斯·安斯沃思（William Francis Ainsworth）向他介绍了后来被称为水成论的地质学理论。水成论认为岩石都是沉淀物或是从水中析出的不溶性物质，这与达尔文在托马斯·查尔斯·霍普的讲座中学到的火成论形成鲜明对比。而地质学教授罗伯特·詹姆森（Robert Jameson）在达尔文二年级时也向他介绍了水成论，但詹姆森关于这个话题的讲座非常乏味。多年后,达尔文回忆起这位教授,说他是一根"干巴巴的棕色枯木",其他人也有同感。[5]水成论很快就会失去科学支持,让位于火成论。但这无关紧要,霍普的火成论讲座,总归是激发了达尔文对地质学的兴趣,这将成为他日后科学求索的重要组成部分。

詹姆森教授对达尔文的唯一真正影响是令这名学生痛下决心——只要自己活着,就再也不碰地质学的书。然而,我们知道这种情况不会持续下去。激发达尔文兴趣的是在户外看到的真实事物,并思考为什么是这样。这种兴趣也扩展到那些能向他展示大自然奇观的人,比如爱丁堡皇家外科学院博物馆(Royal College of Surgeons Museum)馆长威廉·麦克吉利夫雷(William MacGillivray)就受到达尔文的尊敬。他对达尔文非常友善,帮助达尔文培养了对博物学的兴趣,尽管据达尔文说,麦克吉利夫雷并没有绅士风度——这一观点反映了达尔文对英国阶级制度的接受。麦克吉利夫雷甚至因为达尔文对海洋软体动物的一时兴起,而赠送给达尔文珍稀的贝壳。麦克吉利夫雷接着又出版了一部《英国鸟类史》(*A History of British Bird*),达尔文对此印象深刻。[6]

达尔文后来在生活中讲述了这次经历,这表明他开始走出英国上层中产阶级的圈子,欣赏来自不同社会阶层的人可以教他的东西。他还讲了一个类似的故事。什鲁斯伯里的一位名叫科顿(Cotton)的老人把当地的地质知识传授给达尔文。科顿对当地的一个地质标志特别感兴趣,这是一块被称为钟形石(Bellstone)的不稳定巨石,今天在什鲁斯伯里仍然可以看到它。他告诉达尔文,除此之外,就英格兰西北部来说,最近的巨石也远在苏格兰或坎伯兰,直到世界末日都不会有人弄清楚这块钟形石的起源。[7] 几年后,达尔文得知,大陆冰川在其原生岩石以南的地方沉积了如此巨大的石头。

达尔文在爱丁堡的生活中还有其他有影响力的分子,包括医学生约翰·科德斯特里姆(John Coldstream)。他是达尔文进入普林尼学会(Plinian Society)的五位提名人之一,普林尼学会是爱丁堡大学本科生的博物学俱乐部,由詹姆森创立,达尔文于1826年秋天加入。俱乐部成员对爱丁堡乡间进行了实地考察,阅读、讨论有关自然科学的论文,也发表自己的研究成果。达尔文陪同安斯沃思等人,前往爱丁堡北部附近的福斯湾探险,研究和收集海洋生物。大多数旅行的领队导师是受过医学教育的动物学家罗伯特·埃德蒙德·格兰特(Robert Edmond Grant),他当时正在研究当地的海洋生物。事实证明,达尔文和格兰特后来的关系受到双方个人因素的影响。格兰特是一位自由思想家、唯物主义者,政治观点激进。他知道并引用了伊拉斯谟·达尔文在《生物规律学》中明确表达的进化思想,也知道法国有理念类似的科学家。尽管达尔文自己也读过祖父的著作,但格兰特对拉马克、伊拉斯谟·达尔文等进化论者过于热情的钦佩,还是让达尔文大吃一惊。事实证明,对年轻且仍有宗教倾向的达尔文来说,这有点太过了。

在前往福斯湾的短途旅行中,达尔文发现了一些科学界尚不知晓的新生物。其中一个发现是我们现在所知道的苔藓虫的幼虫,它们能通过纤毛运动。另一个发现是一些小小的球状体，当时人们认为这些是一种褐藻的早期生命阶段，但这些其实是水蛭的卵鞘。当然，作为一名18岁的少年科学家，达尔文没有意识到自己本应更充分地与格兰特分享自己在他支持下的发现。反过来，格兰特在将达尔文的两项发现作为自己的发现进行报告时也疏忽了达尔文的功劳。他几乎没有承认是达尔文发现了我们现在所知道的水蛭的卵鞘。

在爱丁堡大学的现存档案中，普林尼学会的会议记录显示，1827年3月27日，年仅18岁的达尔文首次就海洋群体生物苔藓虫发表了科学演讲。结果发现，格兰特已经报道了这一发现，但没有把功劳归给达尔文。[8]这对年轻的达尔文来说是一个重要的教训，他后来在一生中努力坚持——给予科学事实和理论的提出者应有的荣誉。31年后，达尔文面临一种可能性——比他年轻得多的阿尔弗雷德·拉塞尔·华莱士，可能夺走首创自然选择世代递嬗理论的功劳，曾经的教训在他的脑海中呼之欲出。

1827年，达尔文在爱丁堡完成了他的第二年也是最后一年学业，之后游历了苏格兰，还访问了爱尔兰。他继续自己的浪荡生活，陪同舅舅乔赛亚·韦奇伍德二世和姐姐卡罗琳前往巴黎。这差点成为他唯一一次离开英国的旅行。不过令人惊奇的是，在不久的将来，他将环游世界近5年。达尔文在1827年夏天和初秋继续自己无忧无虑的生活，尤其是在什鲁斯伯里附近威廉·莫斯廷·欧文（William Mostyn Owen）的大庄园里狩猎的时候。在这里，他遇到了他的初恋芬妮（Fanny），她是威廉的女儿，也是达尔文的同学威廉·欧文（William Owen）的妹妹。那年夏天，达尔文花了相当长时间与芬妮一起骑行、射击、打台球，以及恋爱。她对射击等活动的兴趣让达尔文既惊讶又高兴，她的风情和挑逗也是如此。[9]在接下来的几年里，他们的关系时断时续。

达尔文没有回到爱丁堡大学，他的父亲很清楚，小儿子已经注定不会遵循家族传统行医济世了。相反，他会做什么工作成了一个问题。达尔文当然不能像从爱丁堡退学后那样继续过无所事事的游乐生活，尤其是罗伯特·达尔文在这件事上有发言权——他作为父亲当然有发言权。我们必须意识到，许多现代职业道路在19世纪初根本不存在，尤其是对于查尔斯·达尔文这样的人来说，他的科学追求只是一种业余爱好。一条可能的道路是达尔文完成本科学业，目的是继续学习，最终成为一名牧师。已经有一些讨论是关于他如何能在一个小乡村教区定居下来，并有足够的时间追求他对博物学日益增长的业余兴趣。

达尔文决定，前往剑桥大学取得本科学位，但这意味着学业重点的大转变。他将放弃在爱丁堡大学尝试过但未能入门的医学课程，转而在剑桥大学学习更为古典的课程。他没有做好准备，因此没有在1827年秋天进入剑桥大学学习，而是在那一年的最后几个月，聘请了一位私人导师，重新学习古典学科和语言。这是他在进入爱丁堡大学之前没有完成的，在进入剑桥大学之前需要补习。

1828年冬天，达尔文来到剑桥大学基督学院，他的哥哥拉斯就是在这所学院学习医学的。达尔文后来评价说，自己在

剑桥大学基督学院,1838年,J. 勒克斯(J. Le Keux)刻版

剑桥度过的 3 年时间和他在爱丁堡学习的正式课程一样，是浪费学术时间。他抱怨学习代数似乎没有用处，除了几门必修课之外，古典文学也没有吸引力。但在 1830 年 3 月，他只学习了几个月，就轻松通过了"小考"，这是剑桥本科生毕业前一年的考试要求。[10]1831 年初，即他大学的最后一年，他的学业再次进步，成功通过古典文学和数学毕业考试。虽然他努力学习，在 1831 年春季的 178 名毕业生中排名第 10，但并没有获得荣誉称号。

与对古典文学和数学的态度不同，达尔文确实努力学习了威廉·佩利（William Paley）颇具影响力的《道德与政治哲学原理》(*Principles of Moral and Political Philosophy*)，该书首次出版于 1785 年。达尔文这次一反常态，又进一步阅读了佩利的《自然神学或上帝的存在和属性的证据》(*Natural Theology or Evidences of the Existence and Attributes of the Deity*)，这本书虽然不是必读的文本，但其深思熟虑的神学论证，给达尔文留下了深刻印象，包括著名的目的论中的以钟表匠论证上帝存在的主张。[11]这本书的主旨，遵循了可以追溯到古代哲学家的自然神学传统，为上帝的至善和上帝的存在提供了论据。佩利的论据是一系列对自然世界和人造物体的比较，比如动物的精细关节与人造球窝关节，或者人眼与望远镜。最著名的是有关钟表匠的类比。他认为，正如手表的复杂性要求钟表匠的存在一样，自然界的复杂性也指向一位神圣的造物主。这样的论证无疑给年轻的、很有可塑性的达尔文留下了深刻的印象。

达尔文和佩利之间的另一个未经证实的联系是，达尔文在基督学院入住的房间可能是佩利的故居,尽管相隔约 70 年。虽然这是一个精彩的故事,但除了大学里的传说之外,几乎没有什么证据能支持它。借用哲学家、天文学家、同为传统的破坏者,1600 年因主张无限宇宙而被烧死在罗马火刑柱上的布鲁诺(Giordano Bruno)的话来说,即使达尔文与佩利的联系不是真的,这也是一个好故事。[12] 不管怎样,佩利和达尔文的肖像仍面对面地悬挂在基督学院的大厅里。

在剑桥就像在爱丁堡一样,达尔文确实学到了很多东西,但大多数知识都是通过课外活动学到的,这些活动继续鼓励他对大自然产生压倒一切的兴趣。维多利亚时代流行的收集甲虫的热情,成了达尔文一种孜孜不倦的追求。他在自传中讲述了自己对收集甲虫的离谱热情。如他所说:他在一些树皮下发现了两只罕见的甲虫,于是两只手各抓住一只。但接着发现了第三种从没见过的甲虫,于是他把一只甲虫放进嘴里,腾出一只手来抓第三只,不料口中的甲虫喷出一种辛辣的液体,灼伤了他的舌头,让他吐出了口中的甲虫,结果另外两只甲虫也逃了。[13] 达尔文收集甲虫的热情,让剑桥大学的朋友兼甲虫收藏家艾伯特·韦(Albert Way)为他绘制了几幅漫画。漫画中达尔文骑在他的"业余爱好"——甲虫身上。这种文字游戏,指的是达尔文收集甲虫的爱好以及对骑马的热衷。这也为他赢得了昆虫学家詹姆斯·弗朗西斯·斯蒂芬斯(James Francis Stephens)的关注。斯蒂芬斯在 1828—1846 年出版的《英国昆虫学图谱》(*Illustrations of British Entomology*)的早期卷册中,至少有 5 卷使用了达尔文的一些标本,标明"C. 达尔文先生捕获"。达尔文看到自己的名字被印入书中感到十分高兴,这是他在爱丁堡跟随格兰特学习时未能享受到的待遇。

达尔文的这种热情,很快就找到了方向和目标。他非常幸运地获得了约翰·史蒂文斯·亨斯洛(John Stevens Henslow)教授的指导,教授通过实地考察和指导,磨炼了达尔文观察自然世界的能力,使他在 1831 年初大学毕业时,从一个甲虫收藏家转变成了一个有抱负的博物学家。我们不能低估亨斯洛在达尔文科学成长过程以及未来人生中的重要性。1828 年达尔文到达剑桥时,亨斯洛已经当了将近 3 年的植物学教授。在此之前,他在 26 岁时就被任命为矿物学教授,任期 3 年。亚

艾伯特·韦绘制的漫画,达尔文骑着他的"业余爱好"——甲虫

达尔文在剑桥大学的导师约翰·史蒂文斯·亨斯洛，1849 年

当·塞奇威克（Adam Sedgwick）对亨斯洛有着重大影响，他在整个职业生涯中一直担任剑桥大学的地质学教授。亨斯洛陪同塞奇威克在英国各地实地考察时学习了地质学，因此他很自然地接受了矿物学教授的职位。

但 1825 年植物学教授职务空缺时，他更乐意接受，因为他真正的爱好是植物学。塞奇威克和亨斯洛除了担任教授外，还担任英国国教会的圣职，这对当时有科学头脑的人来说并不罕见。以亨斯洛为例，他除了担任剑桥教授外，还担任过多种教会职位。

达尔文当然知道亨斯洛，但正式介绍两人认识的是达尔文的远房亲戚、甲虫收藏家兼终身通信人威廉·达尔文·福克斯（William Darwin Fox）。此后，达尔文听亨斯洛的讲座，并参加亨斯洛每周在家中举行的聚会。达尔文早已有了学习博物学的冲动，但正是亨斯洛开始引导他掌握更系统化的方法，这一过程其实始于爱丁堡。达尔文陪同亨斯洛在剑桥的乡间进行博物学探索，这些旅行成为达尔文野外地质学训练的开始。达尔文非常尊重亨斯洛，知道他受过塞奇威克的训练，这让他后悔自己在剑桥听塞奇威克的讲座时三天打鱼两天晒网。受亨斯洛的指导和普鲁士博物学家亚历山大·冯·洪堡（Alexander von Humboldt）著作的启发，达尔文和志同道合的剑桥友人计划在达尔文1831年4月毕业后访问加那利群岛的特内里费岛。这意味着达尔文现在需要更认真地学习地质学。然而，当他回到什鲁斯伯里的家中时，得知其中一名参与者，他的朋友马默杜克·拉姆齐（Marmaduke Ramsay）突然去世，于是特内里费岛之旅只好取消了。

1831年夏天，特内里费岛计划取消后，亨斯洛安排达尔文与亚当·塞奇威克一起去威尔士进行地质实地考察。这对达尔文来说是一个挑战，既要考验他新学到的野外地质技能，也要向塞奇威克学习新技能。他们见过面，可能是在亨斯洛家的一次晚会上。前往威尔士的考察行程很短，只有一周左右。在准备过程中，这位地质新手获得了一台倾斜仪，用于测量边坡角度和高程。达尔文在什鲁斯伯里的蒙特山庄附近用仪器练习。他绘制了一张该郡部分地区的粗略地质图，这让他意识到这些工作超出了自己当时所具备的技能。1831年8月初，塞奇威克抵达蒙特山庄，在和达尔文前往威尔士之前度过了几个晚上。有这样一位杰出的剑桥教授住在蒙特山庄，对年轻的达尔文来说是一件大事。塞奇威克在什罗普郡以西的威尔士北部进行的实地项目，需要考察含有当时地球上已知的最早化石的岩石。

为了给塞奇威克留下深刻印象，达尔文讲述了一名工人如何在当地的砾石坑中找到一个热带贝壳化石。塞奇威克觉得这个故事很有趣，但指出此事如果属实，将推翻该地区已知的地质历史。塞奇威克表示，贝壳化石一定是被路人扔进坑里的。他强调，在得出普遍性结论之前，必须收集支持性数据。像单个贝壳化石这样的孤立证据，不能否定所有其他先前已知的信息。达尔文后来讲述，这种交流让他意识到各种事实必须组合在一起，才能让人从中得出更普遍的结论。[14]达尔文不仅学会了在提出理论之前收集尽可能多的数据，而且学会了在公开这类理论之前密切咨询专业人士——这是他在后来的进化论研究中牢记的一个重要教训。

这次考察的一个目标是描绘被称为老红砂岩（Old Red Sandstone）的岩石组合的地理范围，达尔文将协助塞奇威克完成这项任务。塞奇威克检查了先前标明在1819年《英格兰和威尔士格里诺地质图》中的老红砂岩的出露情况。为了这次考察，达尔文购买了一张小尺寸的地图。在他们一起考察的短时间内，达尔文从塞奇威克那里学到了大量地质实地考察的知识。塞奇威克向达尔文解释了构成这些石灰岩床的珊瑚，向他展示了在塞芬（Cefn）发现脊椎动物化石的洞穴，并发现了一个犀牛牙齿化石。达尔文学会了如何利用上覆植被来识别下面的岩石，如何测量地层的倾角，以及如何正确绘制地质图和地层剖面图。塞奇威克还帮助达尔文建立了信心，他指示达尔文自己测量出露情况，以推测此处存在的老红砂岩的范围。结果达尔文在自己检查的区域内没有找到其痕迹。塞奇威克对达尔文表现出的深思熟虑的独立性感到高兴。达尔文写信给亨斯洛，感谢塞奇威克教会他知识。尽管达尔文作为一名地质学家仍然缺乏经验，但这项工作为他提供了信心和训练，这将使他很快赢得了一次伟大非凡的人生经历。

1831年夏天，亨斯洛收到了一封信，邀请他乘坐小猎犬号（Beagle）测量船环球航行两年，作为一名随行的博物学家，可能还是船长具有同等社会地位的旅伴。尽管其他人可能会拒绝这个邀请，但亨斯洛很想接受，不过他的工作和家庭责任使他无法接受这个职位。相反，他知道，尽管达尔文还是一位未出茅庐的博物学家，但作为剑桥大学刚毕业的一名学生，他是一个很好的人选。他建议请达尔文担任博物学家，与小猎犬号船长罗伯特·菲茨罗伊（Robert FitzRoy）同行。1828年，小猎犬号指挥官普林格尔·斯托克斯（Pringle Stokes）自杀后，比达尔文大三岁多的菲茨罗伊担任了小猎犬号第一次南美考察的指挥官。第二次航行考察从一开始就将由菲茨罗伊指挥。

达尔文向父亲提出接受这个邀请，不出所料，得到的回应是否定的。罗伯特认为接受这样的工作不仅没有什么好处，还有许多不利因素，尤其是鉴于达尔文的"合适工作"还完全没

罗伯特·菲茨罗伊，英国皇家海军小猎犬号考察船第二次航行的指挥官，约 1835 年

有影子的时候。而且这是一个无偿的职位，罗伯特还需要供养旅途中的儿子。但达尔文的父亲并没有断然拒绝，而是提出只要达尔文找到一个通情达理的人，能令人信服地指出达尔文为什么应该接受这一邀请，他就答应这件事。达尔文心灰意冷地骑马去梅尔庄园拜访舅舅韦奇伍德一家。在那里，他找机会告诉舅舅乔赛亚·韦奇伍德二世，自己可能有机会登上小猎犬号考察船，但被父亲拒绝了，除非他能找到一个理智的人，认为这次旅行是个好主意。达尔文发现舅舅正是这样一个人！甥舅二人一起骑马回到蒙特山庄，舅舅说服了达尔文的父亲——这

达尔文的舅舅乔赛亚·韦奇伍德二世,画布油画,日期不明,威廉·欧文绘

样的事业确实值得努力去做,尽管航行肯定是艰巨、危险、漫长的。

达尔文申请这份工作时,菲茨罗伊告诉达尔文,他已经把这份工作提供给了另一个人。后来,菲茨罗伊承认,他捏造了"另一个人"作为借口,以免他发现达尔文不合适。1831年9月初,菲茨罗伊在与达尔文会面后,为达尔文提供了这份工作。即使在那时,据达尔文说,菲茨罗伊对他也有一些怀疑,因为他的鼻子形状不合人意。[15] 这个意见基于菲茨罗伊对当时的颅相学的信任,这种伪科学声称人的头形、面貌反映了心理能力和性格。不过达尔文很满意,为期两年的探险对他来说足够长,他异常兴奋——菲茨罗伊接受了自己,无论他的鼻子是否招人喜欢;但当然,他不知道两年的航行期会延长到将近5年。

## 注 释

1 查尔斯·达尔文 1825 年 10 月 23 日写给父亲的信,载《查尔斯·达尔文书信集第 1 卷:1821—1836 年》(*The Correspondence of Charles Darwin, Vol. I: 1821–36*, Cambridge, 1985),F. 伯克哈特(F. Burkhardt)等编,第 18—19 页。

2 查尔斯·达尔文,《查尔斯·达尔文自传:1809—1882 年》,第 47 页。

3 理查德·布罗克·弗里曼(Richard Broke Freeman),《达尔文的黑人鸟类标本制作家》(*Darwin's Negro Bird-stuffer*),载《伦敦皇家学会注记和记录》(*Notes and Records of the Royal Society of London*),第 33 期,第 83—86 页。

4 查尔斯·达尔文 1826 年 1 月 29 日写给姐姐苏珊的信,载《查尔斯·达尔文书信集第 1 卷:1821—1836 年》,第 29 页。

5 查尔斯·达尔文 1854 年 5 月 29 日写给约瑟夫·多尔顿·胡克(Joseph Dalton Hooker)的信,载《查尔斯·达尔文书信集第 5 卷:1851—1855 年》(*The Correspondence of Charles Darwin, Vol. V: 1851–55*, Cambridge, 1989),F. 伯克哈特等编,第 195 页。

6 查尔斯·达尔文,《查尔斯·达尔文自传:1809—1882 年》,第 53 页。

7 同上。

8 同上书,第 50—51 页。

9  同上书，第 53—54 页。
10 同上书，第 59 页。
11 同上。
12 布鲁诺的原话是："如果这不是真的，那就太好了"（Se nonèvero, èmolto ben trovato），也可以翻译为："如果它不是真的，那它也是精心构想的"或"如果这不是真的，那也是一个好故事"。见《英雄的愤怒》（*The Heroic Furies*），也被翻译为《论英雄的疯狂》（*On Heroic Frenzies*），引用于《语录、谚语、家常话》（*A Book of Quotations, Proverbs and Household Words*, Philadelphia, 1907），威廉·格尼·本汉姆爵士（Sir William Gurney Benham）编。
13 查尔斯·达尔文，《查尔斯·达尔文自传：1809—1882 年》，第 62 页。
14 同上书，第 69 页。
15 同上书，第 72 页。

## 第三章

# 生命中最重要的事件

小猎犬号测量船经过一段时间的拖延，于1831年12月27日在罗伯特·菲茨罗伊的指挥下离开英国普利茅斯港，开始了第二次探险考察。第二和第三指挥官是中尉约翰·克莱门茨·威克汉姆（John Clements Wickham）和巴塞洛缪·詹姆斯·苏利万（Bartholomew James Sulivan），前者曾在小猎犬号的第一次航行中与菲茨罗伊一起共事。第二次航行延续了海军部在1826—1830年第一次航行中开始的对南美洲南部海岸的水道测量。水道测量需要测量和描述船舶航行过程中在海上遇到的自然和人为特征。

测量工作提供的重要数据，可以帮助这个主宰海洋的国家实现商业和军事利益。该船依靠22个最新的航海钟来建立正确的经度坐标，这对确定船的位置至关重要。这次航行考察的重要性当然毋庸置疑，但如果没有查尔斯·达尔文的出现，它仍会被历史遗忘——达尔文后来的著作使小猎犬号考察船名垂青史。达尔文后来认为，在小猎犬号上的时光是自己一生中最重要的"事件"——其实这可不仅仅是一个轻描淡写的"事件"。[1]虽然航行预计需要两年或三年的时间,但它延长到了近五年,相当于这个年轻人此时年龄的五分之一。

对船上人数的估计不一,但在不同时间船上应该有68至76人不等,其中大多数是海军人员。但也包括少数被列为编外的乘员,即那些没有海军官方身份的人。其中包括画家兼绘图员奥古斯塔斯·厄尔(Augustus Earle)、维护22个航海钟的仪器制造商乔治·詹姆斯·斯特宾(George James Stebbing)、3名在小猎犬号第一次航行中被俘的斐济人,他们将与传教士理查德·马修斯(Richard Matthews)一起返回火地岛,最后是22岁的达尔文。达尔文作为刚从剑桥大学毕业的学生,担任非官方的地质学家/博物学家的角色,也是船长的旅伴。但是几个月后,船上的军医罗伯特·麦考密克(Robert McCormick)怒气冲冲地下了船,他认为自己官方博物学家的角色被达尔文这个暴发户篡夺了,于是达尔文正式担任了这一职位。达尔文"投桃报李",也没有高看麦考密克;他认为此人的科学方法过时了,甚至在给亨斯洛的信中称他是蠢驴。[2]达尔文在社会地位上与船长不相上下,也是唯一一个经常与他共进晚餐的人。船员们没有忽视他的崇高地位,起初他们只是简单地称他为"先生",但经过几个月,他适应了船上的日常生活之后,就被大家称为"哲人",因为菲茨罗伊开始称他为船上的哲学家。

在小猎犬号考察船出发之前,菲茨罗伊赠送给达尔文一部著作,正是莱尔的三卷本《地质学原理》(*Principles of Geology*)中的第1卷。达尔文在航行中的停留期间获得了此书的另外两卷。达尔文在航行前还收到了一部亚历山大·冯·洪堡

第三章　生命中最重要的事件　43

的《个人旅行记》(*Personal Narrative*)，可能是亨斯洛教授送给他的礼物。这些书达尔文都很喜欢，因为莱尔、洪堡是达尔文的两大科学偶像：莱尔提倡均变论的概念，认为当今的地质变化过程在过去也曾发生过，洪堡则对南美洲北部的自然世界进行了细致的科学探索和报告。航行期间，达尔文在自己的各种日记和笔记中大量引用了这两位大家的话，他们对达尔文的思想产生了深远的影响。[3] 除了莱尔和洪堡的书，小猎犬号还有一个储备了 400 多册藏书的图书室，位于狭窄的船尾舱，那也是海图室。这些以旅行、航海、博物学为主的图书后来对达尔文非常有帮助。图书室中也有一些文学书籍。达尔文特别喜欢躺在船长舱的沙发上，阅读一本小巧的弥尔顿的《失乐园》(*Paradise Lost*)，这有时是他在长期晕船中的唯一喘息之机。

达尔文与助理测量员约翰·洛特·斯托克斯（John Lort Stokes）共享的这间兼图书馆、海图室、实验室功能的舱室，只有 3 米 ×4 米。这位伙伴与第一次探险时担任小猎犬号船长的普林格尔·斯托克斯并无亲属关系。舱室里摆放着一张最大长约 1.8 米的图表桌，可以在其上方布设吊床。达尔文在船上时，这里也是他的临时实验室。这里装满了一箱箱的标本，从各个港口运回英国，寄给亨斯洛——他的收货代理人。可能让达尔文很高兴的是，在第二次航行前的改装中，菲茨罗伊将小猎犬号尾部的上层甲板抬高了 20 厘米，并增加了一个天窗，这无疑使达尔文的安乐窝稍微宽敞了一点儿。但是新安装的直径 25 厘米的后桅杆以一定角度穿过了这个小舱室的前部。

1832 年 1 月，小猎犬号出发后，即将在加那利群岛的特内里费岛首次登陆。达尔文为此兴奋不已,不仅因为这将是他航行中的第一个停靠港,还因为前一年夏天计划到此的旅行因参与者之一拉姆齐去世而未能实现。然而,这第二次尝试访问也没有成功。因为有报道称小猎犬号刚刚离开的英国爆发霍乱,该船被阻止靠岸。几周内,小猎犬号抵达佛得角群岛的圣地亚哥岛。他们于1月16日抵达,一直待到2月初。这是达尔文第一次登陆,他充满诗意地描述了自己在荒岛上的热带阳光下行走的愉悦感受。他发现这些岛屿最有趣的地方是地质学,并注意到火山岩和海洋岩石之间的相互作用。这让他能够进行地质学方面的思考,运用他在导师塞奇威克那里刚完成的训练,并验证莱尔关于海平面变化的想法。然而,他也并没有忽视生物群,他观察到潮池中章鱼的快速运动和颜色变化,对此感到特别兴奋。

1832年2月底,小猎犬号考察船在巴西的萨尔瓦多靠港,这是达尔文首次造访另一个大陆。达尔文被洪堡对热带雨林的描述吸引,他对看到的一切感到震惊和高兴。但当他目睹城市内外奴隶制的暴行时,心情就沉痛起来。3月中旬,皇家海军小猎犬号向南行驶,于4月初抵达里约热内卢。他收到的信件中有关于他的初恋芬妮的糟糕消息。一封是芬妮写的,另一封是他妹妹埃米莉·凯瑟琳写的。[4]这些信中表示,在达尔文离开后仅仅10天,芬妮就与另一个男人订婚,几个月后结婚了。尽管达尔文和芬妮没有订婚,但他们在航行前和外出活动中的通信肯定不仅仅是寒暄。达尔文通过给姐妹们写信,抚慰了自己受伤的情绪和自尊心,姐妹们一直给予他支持。

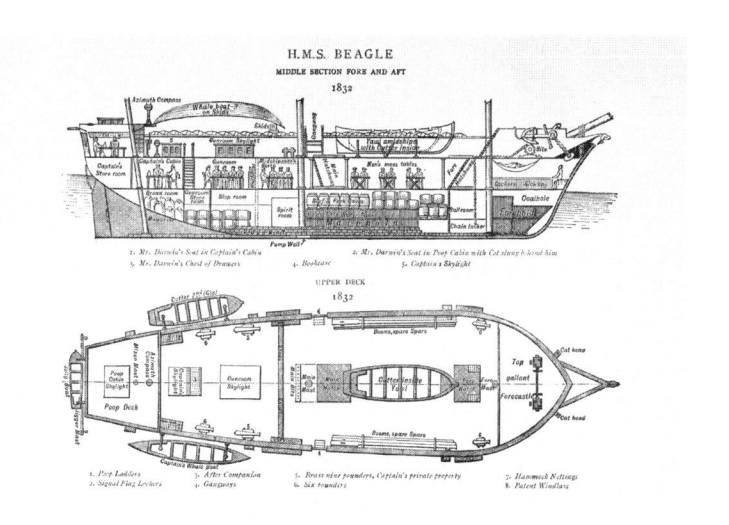

小猎犬号考察船，1832年。左上角是达尔文，他坐在船尾小舱里，身后挂着一个吊床

对达尔文精神起到很大帮助的是，他在英国人帕特里克·列侬（Patrick Lennon）的陪同下进行了一次内陆采集之旅，参观了距离里约热内卢约160公里的大牧场。这件事占据了他1832年4月和5月的大部分时间；这期间小猎犬号测量船向北返回萨尔瓦多，检查之前的探测结果。在这次长途跋涉中，达尔文再次目睹并注意到了奴隶制的残酷，包括在接待并指导他旅程的列侬家的大牧场中发生的事情。回到小猎犬号后，达尔文和菲茨罗伊就奴隶制问题进行了一次更激烈的争论，这次是关于大牧场中的奴隶。达尔文的成长经历让他主张所有人类（或者至少是男性）的平等地位。虽然菲茨罗伊本身并不赞同奴隶制，但他明显的贵族背景使他在对待地位低下的仆人时更加家长式。

菲茨罗伊指出,种植园主问奴隶们是否希望获得自由时,他们的回答是否定的。达尔文不明智地质疑了这一说法,问菲茨罗伊——他是否认为,奴隶们会在主人面前诚实地回答这样的问题?这令菲茨罗伊暴跳如雷,拂袖而去,说他怀疑他们能否继续共享同一张餐桌。[5]达尔文觉得自己在小猎犬号上的时间恐怕要结束了,但到了傍晚,一切都冷静了下来,菲茨罗伊道歉说,他们应该继续共享空间和餐桌。两人再也没有争论过奴隶制问题,但菲茨罗伊的火暴脾气在接下来几年的航行中并没有熄火,他的忧郁症也没有终结。

1832年夏天,达尔文写信给亨斯洛,指出自己鄙视托利党政客对奴隶制受害者和幸存者表现出的冷漠,鄙视他们在废除这种持续玷污国家道德品质的行为方面毫无作为。尽管达尔文对小猎犬号上的军官们评价很高,但人们猜想——达尔文心目中的托利党人是否就是菲茨罗伊船长本人?[6]在接下来的一年里,达尔文收发的信件中再次出现了关于这个话题的新闻。1833年6月,达尔文在给终身通信人、剑桥大学校友约翰·M.赫伯特(John M. Herbert)的一封信中写道:"殖民奴隶制是我们吹嘘的自由上的巨大污点。"[7]1833年10月,达尔文的姐姐苏珊·伊丽莎白在一封信中写道,达尔文会"像我们一样为殖民地废除奴隶制而高兴",但这封信肯定要几个月后才能收到。她对政府承诺"向蓄奴的种植园主支付2000万英镑以补偿他们失去免费劳动力"表示不满,但她也认为,如果没有这种激励,殖民地可能不会结束奴隶制。[8]

随着航行的继续,对达尔文来说,延长陆地旅行将成为航行的首要任务，无论是出于科学上的考虑，还是因为他只有在陆地上才不晕船。曾经有人估算过，他在陆地上花费的时间长达三年零三个月，而在海上的时间只有一年半。而最近的一次估算表明，他在航行中大约花了三分之一的时间在岸上探索，用了整整三分之二的时间来对抗晕船。1832年6月和7月，达尔文结束大牧场旅行返回小猎犬号之后，船只南下驶向布宜诺斯艾利斯，沿途进行勘测；后来又向更南的地方航行。事实证明，布宜诺斯艾利斯以南的几站，对达尔文来说至关重要，因为这些地方回答了他关于全球偏远地区物种的起源和命运问题，以及为什么南美洲曾经存在的巨型哺乳动物已经灭绝这种问题。最重要的是，1832年9月，小猎犬号抵达了布兰卡港的小定居点，这是一个大约位于阿根廷东海岸中间的新港口。

达尔文在9月初和11月进行了几次沿海探险，并于1833年进行了第二次访问，当时他发现了布兰卡港以东的两个采集区，比较近的是蓬塔阿尔塔，更东边的是蒙特埃莫索。小伙子赛姆斯·科温顿（Syms Covington）是达尔文在小猎犬号上的舱友，1833年，他成为达尔文在蓬塔阿尔塔的官方野外助理。在他的帮助下，他们收集了贝壳和哺乳动物的化石，这让达尔文激动不已。特别有趣的是一种巨型哺乳动物的骨头。1795年，胡安·鲍蒂斯塔·布鲁（Juan Bautista Bru）曾在西班牙首都马德里组装了一个类似的标本——同样来自阿根廷，但在北部。达尔文的标本将被证明是大地獭同属动物的遗骸。他们还发现了巨大的多角形骨板，达尔文将其与美洲现存的小得多的

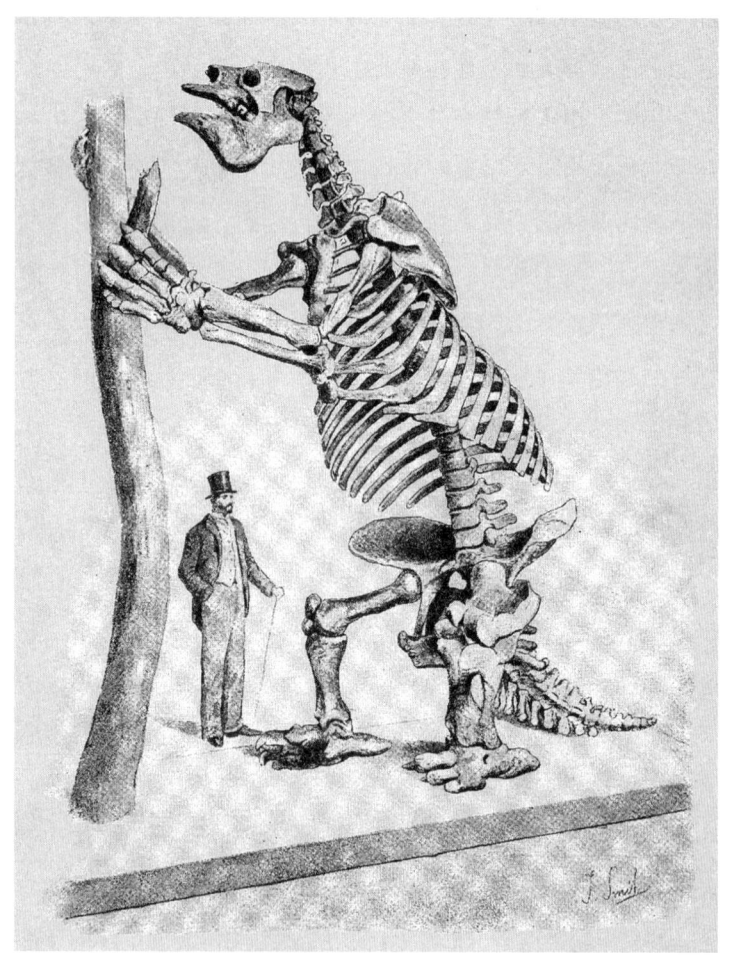

达尔文在布兰卡港发现了已灭绝的大地獭化石

犹狳联系在一起。考虑到这些发现的零碎性及其在科学上的新颖性，可以想到，达尔文尚不能完全理解自己的发现。而当他把材料交给伦敦的专家后，他的许多问题（但不是所有问题）都会得到回答。这只是达尔文化石发现之旅的开始，在接下来的旅程中，这类动物的问题会让他着迷和烦恼。

1832年12月，小猎犬号考察船继续向南航行，到达南美洲南端的火地岛。除了探测之外，他们还有一项殖民任务要执行。1828年12月，在小猎犬号第一次航行中，访问火地岛时，菲茨罗伊曾经接管指挥权，强行带走了4名火地岛人，计划将他们带回英国进行文明教化和基督教化。我们知道其中3人的原名，但菲茨罗伊给他们都取了基督教名字。女孩Yokkushlu改为菲吉阿·巴斯克特（Fuegia Basket），十几岁的男孩Orundelico改为杰米·巴顿（Jemmy Button），年轻人Elleparu改为约克·敏斯特（York Minster），而被菲茨罗伊命名为博特·梅默里（Boat Memory）的年轻人的原名没有被记录下来。菲茨罗伊让他们在乌拉圭的蒙得维的亚接种了天花疫苗，但收效甚微。尽管他们一到英国就重新接种了疫苗，但博特·梅默里仍然感染了天花，于1830年11月去世。

现在，菲茨罗伊将与传教士理查德·马修斯一起返回火地岛，将英国文明和基督教带给当地其他人。仍然天真的达尔文承认，看到当地的土著人蓬头垢面，只披着兽皮，他感到十分震惊。他认为这些土著人是迄今为止自己见过的最粗鄙、最悲惨的可怜人，尤其是与他们接受了教化、身穿英国服饰的同胞相比。在小猎犬号船员的帮助下，传教士们在庞森比湾东北侧的伍尔雅湾建立了一个小型传教飞地。达尔文认为在这个偏远的地方传教，几乎没有成功的希望。他的担心不无道理。15天后，小猎犬号返回查看飞地的进展情况时，他们发现营地已经破败不堪，所有物资都已被盗或被毁，初步搭建的建筑已经荡然无存。马修斯遭到了当地居民的袭击和骚扰，明显身心动摇了。他选择登上小猎犬号，在上面待了两年，直到船只到达新西兰，在那里与他的传教士兄弟团聚。小猎犬号的船员没有再见到菲吉阿·巴斯克特或约克·敏斯特，但在返回英国后的几年里，他们从访问该地区的其他船只那儿收到过关于这两人的各种报告。不过，他们将与杰米·巴顿再有一次忧郁的重逢，但这发生在他们看似永无止境的旅程中的几个月后。

试图在火地岛中建立基督教殖民地的尝试失败后，小猎犬号航向东北方向，于1833年3月1日抵达南美洲海岸以东约485公里的马尔维纳斯群岛，重新执行其水道测量的任务。在小猎犬号勘测两个主要岛屿和许多较小岛屿周围海域期间，达尔文探索了这些荒凉的英国殖民前哨，当年重新建立对这些前哨的控制，主要是为了占领土地和饲养绵羊。我们可以从这次访问以及1834年同一时间的第二次访问的笔记本中看到，达尔文很疑惑这里的动植物如何能够做到既类似于大陆上的形态，而各岛间的形态又有明显差异。

1834年达尔文第二次访问时，最让他着迷的是当时被称为南极狼／狐的动物（学名 *Dusicyon australis*）。这种犬科动物在外表上似乎是狼和狐狸的杂交种，但在习性上显然更像狐狸。

当地人让达尔文相信，该物种只出现在东马尔维纳斯群岛和西马尔维纳斯群岛，并有一些变异。达尔文无法确定它们最初是如何到达这些岛屿的。他确信，它们是在人类到来之前自己来到这里的，因为它们与大陆野生物种不同，但它们是如何完成这项看似不可能的任务的？此时此地，达尔文当然还没有想到进化，但尽管如此，这个案例仍然构成了一个"向他证明大陆上的一个现存物种抵达遥远岛屿"的早期例子。岛上的物种与大陆上的物种明显不同，而这些区别可能是在岛上产生的。几个月后，当他再次看到加拉帕戈斯群岛特有的物种时，他会回忆起这个例子，但那时会有很多这样的物种，而不仅仅是这一个。

更令人担忧的是这种犬科动物的命运，达尔文准确地预测到它们将很快从地球上消失；它们的确在 1876 年灭绝了，是

麦哲伦海峡中的小猎犬号，远处是萨缅托山

南极狼/狐

人类历史记录的第一个灭绝的犬科动物物种。此外，在马尔维纳斯群岛，达尔文发现的化石主要是腕足类动物的，它们或被称为"灯贝"，因为外壳的两瓣中有一瓣与古希腊油灯相似。今天，仍然存在一些腕足类物种，但其鼎盛时期是在2.5亿年前结束的古生代。尽管腕足类动物化石在今天非常常见，但当时它们在欧洲以外的地方却鲜为人知。它们代表了当时已知的一些最早的生命形式，这使得其发现具有重要意义。

1833年3月，菲茨罗伊做出了一个重大决定，自己垫钱购买了第二艘船，以便更好地进行水道测量工作。后来发现这不是一个明智的决定，因为这件事未经海军部允许，属于先斩后奏。他任命大副约翰·克莱门茨·威克汉姆指挥新命名的英国海军探险号——以第一次航行中使用的同名船只命名。两艘船只返回南美海岸，途经乌拉圭的蒙得维的亚，在马尔多纳多附近度过了南方的冬天，最终于1833年4月初抵达。达尔文在岸上找到了住处，有时是很不舒服的住处，这让他可以观察当地的风土人情，尤其是精力充沛的高乔人。他在高山地区进行了地质调查，并收集了大量的动物学标本资料。

1833年8月初，达尔文回到小猎犬号，船只再次向南航行，抵达了内格罗河河口的小村庄巴塔哥内斯。达尔文从这里向北出发，穿越潘帕斯大草原，进行了为期6周的内陆跋涉，行程超过800公里；他计划在布兰卡港附近短暂停留，与小猎犬号会合，前一年他在那里发现了哺乳动物化石。会合后，达尔文将北上布宜诺斯艾利斯，这段旅程因该地区的内乱而变得特别危险。

1833年8月中旬，达尔文小分队在与小猎犬号会合之前，先抵达布兰卡港。这使他有机会重访蓬塔阿尔塔，收集更多他早些时候发现的大地獭化石。在附近的蒙特埃莫索，达尔文发现了一些他认为是啮齿类动物的化石残片，他想知道它们是否与现代啮齿类动物有关系，而直到最近我们才知道它们可能属于一个完全灭绝的、只属于南美洲的哺乳动物群。8月27日，小猎犬号抵达布兰卡港时，达尔文一反常态，非常高兴地登上船。他在船上尽情地分享他在当地人中的冒险经历，以及他与高乔人的第一次接触。他讲述了他们骄傲而放荡的面容、他们的身高和通常披的长袍。他们腰间总是别着刀子，并很快就会在激烈的争论中使用。他们自给自足，并且非常熟练地用一种类似流星锤的武器狩猎。达尔文曾尝试过投掷这种由三个球构成的武器，每个球都用一根单独的绳子绑着。他马术高超，给高乔人留下了深刻印象，但当他第一次尝试投掷这种武器时，却缠到了自己的马腿上，高乔人大笑不止。达尔文真正陶醉于高乔人的自由精神。8月下旬，达尔文及其小队和小猎犬号在布兰卡港的温情重聚之后，他们再次从陆路向北出发，前往布宜诺斯艾利斯，这是旅程中最长的一段。

达尔文需要拜见当地司令官，寻求他的许可和帮助，以期安全地开展这次旅行。此人正是后来的阿根廷独裁者——军事强人胡安·曼努埃尔·德·罗萨斯（Juan Manuel de Rosas）将军，他这时正致力于在潘帕斯消灭所有敌对的土著人。达尔文带着英国商人詹姆斯·哈里斯（James Harris）和一群粗鄙豪放的高乔人一起出发。他会见了罗萨斯将军，获得了他签发的通行证，并被允许在沿途的哨所停留，由一些罗萨斯将军的人陪同。

事实证明，这是他最难忘的内陆之旅之一。其间达尔文观察并记录了许多动植物，包括他收集的那些动植物。他对南美洲的原生物种印象特别深刻，比如被称为巴西栉鼠的穴居啮齿动物；安第斯骆马——一种骆驼；还有本地的"鸵鸟"——美洲鸵。他还注意到了砾石平原，他认为这支持了莱尔的观点：这些地方曾经是海底，但逐渐被抬离了水面。

1833年9月20日，达尔文抵达布宜诺斯艾利斯，很快即决定沿着拉普拉塔河的支流北上，前往圣达菲镇寻找更多的化石。事实证明，这次旅行既有回报，也有困惑。回报是他确实发现了更多的哺乳动物化石；困惑是在他发现的化石中，有一头乳齿象和一匹马的遗骸。显然，人类并没有把乳齿象带到南美洲，但马呢？这些是西班牙人或葡萄牙人带来的动物的遗骸？还是先于欧洲殖民时代的产物？根据地质环境和他从小猎犬号藏书中收集到的信息，他认为这是欧洲人到来之前的事。几年后，解剖学家理查德·欧文（Richard Owen）鉴定马化石为欧洲人到来之前的产物，证实了达尔文的猜测。

当达尔文乘船返回布宜诺斯艾利斯，回到小猎犬号时，他发现这座城市陷入了革命。他们只得报出罗萨斯将军的名字，才在军队护送下进入这座城市，但最终回到小猎犬号之后，他发现他们要在码头停留一段时间，因为船员们需要完成地图和海图测绘，然后再继续探险。除了踏上另一次内陆之旅，达尔文还能做什么呢？这次他进行了一次穿越乌拉圭南部数百公里的旅行。其中最引人注目的是发现了（或更确切地说是收获）一种小犀牛大小的未知哺乳动物的完整头骨；达尔文以1先令6便士（约合现在的7英镑）的价格从挖掘现场的土地主那里购得的，对于这样一块大型哺乳动物头骨化石来说，这笔交易非常划算。达尔文不知道这种哺乳动物的类缘关系，欧文也不知道，几年后，欧文将其命名为箭齿兽（Toxodon）。直到19世纪后期，人们才清楚地发现，这是一种已灭绝的哺乳动物，现在被称为南美有蹄类，只见于南美洲。当时这种哺乳动物的种类就像今天非洲的有蹄哺乳动物一样丰富。根据21世纪的分子生物学研究，它们被认为是现存的貘、犀牛、马的远亲。

左图：小美洲鸵
下图：大美洲鸵

1833年12月初，两只船向南航行，再次驶向火地岛。在欲望港附近，接替患病的奥古斯塔斯·厄尔的新任船上画家康拉德·马滕斯（Conrad Martens）射杀了一只体型较小的幼鸟，全船的人都认为它是一只普通的美洲鸵。早些时候，达尔文听说有报道称，内陆旅行时他在潘帕斯草原上看到的大美洲鸵分布区的南部，生存着一种小美洲鸵物种，被当地人称为Avestruz Petise。大快朵颐之后，达尔文懊恼地意识到，刚刚吃下的肉就是这种小美洲鸵。他只能抢救出大部分的头部、皮肤和羽毛，拼凑出一个他认为尚可接受的标本，虽然已经被吃下了很多。这种较小形态的美洲鸵后来以达尔文的名字命名。达尔文对此很好奇，像这两种形态的现生美洲鸵物种，是如何以及为何各自独立分布的——类同于为什么人们在大陆和岛屿上发现了不同但相关的物种。如果它们是上帝创造的，为什么不同的地区不放同一种物种呢？关于物种因时间和空间而变化的想法，可能正在悄悄地渗入他的思想。

小猎犬号再向更南航行，1834年1月，试图在圣朱利安港沿岸获得淡水，结果未能如愿。不过，达尔文在此地发现了他最后一个巨大的哺乳动物化石。化石包括脊椎、部分骨盆和四肢骨骼。他认为这是另一种乳齿象化石，但欧文后来的研究将其确定为羊驼的近亲，因为其细长的脊椎（部分原因），而被命名为长颈驼。它有一个像羊驼或骆驼一样的长颈，但我们现在知道它并非这二者的同类。它和箭齿兽一样，属于完全灭绝的南美洲哺乳动物——南美有蹄类。

小猎犬号停留在火地岛，查看他们试图建立的传教士定居点，结果发现那里已经完全被遗弃，成为废墟。在此地逗留时，杰米·巴顿——现在穿着当地服装，和妻子一起乘坐独木舟接近小猎犬号。妻子不愿离开独木舟，杰米·巴顿独自登船和所有人交换了礼物，菲茨罗伊收到了水獭皮，达尔文收到了一些矛头。菲茨罗伊无法说服杰米重新加入队伍，尤其是考虑到他仍在独木舟中的妻子的恳求。1834年3月和4月，探险队再次向东北方驶向马尔维纳斯群岛，以满足菲茨罗伊对制图工作的完美需求。随后船返回西北方向，到达圣克鲁斯河河口。由于在这里遇到了极端的潮汐，他们尽可能将小猎犬号搁浅，并检查船体有无任何损坏；他们认为船只在欲望港附近可能发生了损坏，但幸运的是，损坏部分很容易修复。达尔文陪同菲茨罗伊和其他一些人乘坐3艘捕鲸船前往圣克鲁斯河探险。由于水流湍急，这是一段艰难的旅程，他们在已看到安第斯山脉的情况下折返回来。尽管工作艰苦，达尔文还是考察了

1834年，巴塔哥尼亚圣克鲁斯港，小猎犬号搁浅维修

地质出露情况。他遵循莱尔的观点，指出这些地质出露是沉积在海底后逐渐上升的沉积物。

1834年5月至6月，小猎犬号和探险号穿越火地岛并勘测了海峡，最终于6月11日抵达太平洋。在接下来的15个月里，他们开始调查智利沿海和奇洛埃岛等较大的岛屿。小猎犬号7月23日抵达瓦尔帕莱索时，达尔文收到了信件，其中包括亨斯洛的信件，对他寄回英国的所有珍奇标本大加赞扬。[9]1834年8月和9月，达尔文进行了3次安第斯山之旅中的第一次。这场骑马旅行为期6周，首先向北进入山区，然后沿着顺时针方向向东、向南、向西返回智利纳维达的海岸。在瓦尔帕莱索附近，对水线以上贝壳层的观察进一步证明，类似的区域是逐渐从海中升起的。

1834年10月，达尔文回到小猎犬号，发现菲茨罗伊已经精神崩溃，将指挥权交给了威克汉姆。原来，菲茨罗伊收到海军部的一封信，信中不仅不赞成他购买探险号，而且命令他出售探险号。幸运的是，船售出后还赚了一点钱。大家连哄带骗，终于说服菲茨罗伊重新执掌指挥权。之后小猎犬号恢复了对智利海岸的测绘。1835年2月下旬，船员们抵达瓦尔迪维亚后，经历了一些人所说的"该地区史无前例的大地震"。地震摧毁了该镇的大部分地区，当他们到达北部的康塞普西翁时，发现那里被破坏的范围很广。达尔文作为一名地质学家，对地震将海岸抬高了数米的情况印象深刻；这再次例证了莱尔说的陆地相对于海洋的升降运动，尽管这种情况是一种迅速升降的特例。

1835年3月18日，达尔文从圣地亚哥出发，开始了第二次也是最冒险的安第斯山之旅，这次是骑骡子穿越5800米的波蒂略山口。在这次旅行中，他在安第斯山脉的高处发现了海洋化石，并意识到这一发现意义重大——这意味着山脉已经从海中隆升到海拔数千米的高度。达尔文小队沿着安第斯山脉向东边的阿根廷门多萨进发。在探索阿根廷一侧的山脉时，达尔文被一只猎蝽或亲吻虫①咬伤，病得很重，可能患上了恰加斯病（现在我们知道恰加斯病以寄生原生动物锥虫为媒介）。这是达尔文回英国后一直困扰他的疾病之一。在回程中，小队穿过乌斯帕亚塔山脉返回安第斯山脉，最终于4月10日抵达智利海岸。1835年4月24日，达尔文进行了第三次也是最后一次安第斯山脉徒步旅行，一路采集标本，这次是沿着山脉西侧从瓦尔帕莱索内陆北上，于7月5日抵达科金博海岸。

小猎犬号再次搭载达尔文，向北行驶，于7月19日抵达秘鲁利马的卡亚俄湾。进行补给之后，小猎犬号于9月7日出发，向西穿越浩瀚的太平洋，前往位于赤道的加拉帕戈斯群岛，8天之后，这些岛屿终于出现在眼前。这些火山形成的岛屿，位于厄瓜多尔以西965公里处，是真正孤立的海洋岛，也就是说它们从未与南美洲有过陆地连接。根据之前旅行家的描述，达尔文希望看到火山喷发，但他只看到了喷出火山气体的喷气孔。他确实目睹了遍布大片熔岩的荒凉地带，听见了大型蜥蜴发出的刺耳声音，看见了最北的企鹅和巨型陆龟。他在利马写信给姐姐卡罗琳说，尽管他对加拉帕戈斯的动物学和地质

---

① 学名为南美锥蝽。

第三章 生命中最重要的事件　61

加拉帕戈斯陆龟的不同变种

学非常期待,但他同样渴望再次看到英格兰的海岸。他并不是唯一一个归心似箭的人,船上所有人都已对长达三年半的航行感到厌倦。[10]

"加拉帕戈斯"这个名字被相互矛盾的传说笼罩。这个来自相当古老的西班牙语的类似单词指的是海龟的甲壳,这里指的是这些岛屿上的陆龟。据说这个名字也源于其中一些陆龟上翘的甲壳,它与某种西班牙马鞍的形状相似。为了给命名游戏增添趣味性,它们也被称为"Encantadas"即"魅力"群岛。这是一个有点讽刺的名字,因为这些岛屿的魅力来源于云遮雾绕,以及它们之间经常出现的险恶洋流。无论名字的真正来源是什么,这些岛屿都让达尔文既高兴又困惑,并将在他几年后的进化思想中发挥重要作用。

小猎犬号在加拉帕戈斯群岛海域只待了四个半星期。达尔文于1835年9月17日在查塔姆岛(现为圣克里斯托瓦尔岛)首次上岸。从那时到10月17日,达尔文和同伴访问了四个岛屿,包括查尔斯岛(现为弗洛里亚纳岛)、阿尔伯马尔岛(现为伊莎贝拉岛)、詹姆斯岛(现为圣地亚哥岛),19天中的部分时间在岸上度过,其中在詹姆斯岛停留的时间最长,为10天。他甚至希望在加拉帕戈斯群岛找到化石,但这不太可能,因为这些岛屿主要由火山组成,往往会破坏而不是保存化石。在这里他很失望,但一名船员从查尔斯岛附近的一个小岛上的火山砂岩中给他带来了一块贝壳化石——这是在加拉帕戈斯群岛的记录中唯一一次提到化石。

如果说这里的地质学引起达尔文的兴趣,那么这里的动物更令他大吃一惊。天真的考察家们面临令人愉快的惊喜。他从陆地和海洋中收集了大量的动植物标本。对达尔文来说，非常不寻常的是，他没有仔细注意一些标本来自哪个岛屿。尤其是一些褐色的小鸟，它们的喙大小不一，但似乎各岛的个体之间没有太大区别。尽管他似乎没有发现这些小的、不起眼的鸟类之间的关系，但他能够区分出至少3个甚至更多的物种。回到英国后，他很懊恼地得知，这些小鸟代表了超过13个不同的相互关联的物种，我们现在称之为达尔文雀或加拉帕戈斯地雀，尽管分子研究现在已经表明它们是唐纳雀类。感谢包括菲茨罗伊在内的船员们仔细记录了这些小鸟标本的信息，保全了达尔文作为一个细心的野外笔记记录人的声誉。

达尔文在记录其他物种的位置数据时并没有那么漫不经心，尤其是对陆龟、大蜥蜴和嘲鸫。他在笔记中记录道，厄瓜多尔群岛总督、英国人尼古拉斯·O.劳森（Nicholas O. Lawson）声称，他可以识别陆龟或其外壳来自哪个岛屿。这再次凸显了每个岛屿动物的独特性。达尔文注意到许多陆龟在人类手中的命运。在过去，一艘船可能会带走700只陆龟。据报道，一艘护卫舰一天内曾带走200只陆龟。达尔文颇为关切这些陆龟是本地的还是被带到岛上的。回到英国后，他得知它们确实是加拉帕戈斯本地种。如今，这些陆龟通常被归入一个物种，即加拉帕戈斯象龟，正如达尔文所记录的那样，不同岛屿上的种群各不相同，它们的外壳形态通常与它们生活和觅食的栖息地有关。在岛上干燥的低地地区，陆龟体型较小，有鞍状的外壳，可以伸出长颈够到高大的植物。在其他更潮湿的高地

1. Geospiza magnirostris.
2. Geospiza fortis.
3. Geospiza parvula.
4. Certhidea olivacea.

4 种加拉帕戈斯地雀（现归为唐纳雀类）

上，陆龟往往更大，有圆顶的外壳，脖子较短，可以吃较低地面上的草。

在鬣蜥物种中，达尔文最关注两种：一种是他认为的特别丑陋的海鬣蜥，另一种是他认为的大型陆鬣蜥。经过解剖，达尔文发现两者都是草食性的。陆鬣蜥肠道中有多种植物物质，而海鬣蜥肠道中只有海藻，这让他正确推测出其身体特征：粗短的鼻子、有爪的脚和扁平的尾巴。这表明它是世界上唯一真正的海洋蜥蜴。

在鸟类中，达尔文特别喜欢嘲鸫，它们的变异似乎比地雀更明显。他注意到各岛上有多达 4 个不同的变种或物种。最重要的是，达尔文发现了许多加拉帕戈斯物种与南美洲类似物种有相似之处。我们看到，达尔文在加拉帕戈斯群岛的经历，正是他后来对物种的非固定性（物种随时间变化的能力）所做思考的最微弱的一线灵光。

加拉帕戈斯群岛是将近一年的归家之旅的起点，旅程大部分是海上航行，即使对于一个晕船的博物学家来说，也有充足的时间沉思。事后来看，我们知道这些岛屿最终在达尔文的进化理论中发挥了重要作用，这些岛屿上生命形式的祖先来自南美洲，抵达加拉帕戈斯群岛后，在各种岛屿上进化成现在的形态。10月20日，小猎犬号离开加拉帕戈斯群岛，航行5150公里前往塔希提岛，于1835年11月15日抵达。停留了10天后，它再次出发，于12月21日抵达新西兰。小猎犬号随后驶向澳大利亚，于1836年初抵达，在悉尼、霍巴特和西南海岸停靠了三站。在达尔文的澳大利亚内陆之旅中，他看到了袋鼠等有袋动物，甚至看到了不寻常的产卵的鸭嘴兽——这两者与世界其他地方的哺乳动物之间的关系仍是疑点重重。后来，在1839年出版的《小猎犬号航海记》（*The Voyage of the Beagle*）一书中，达尔文思考着这些经历，小心翼翼地把自己的话写成了一句后来常被引用的话："一个只相信自己的理性的人，可能会惊呼：'一定有两个不同的造物主在工作；但他们的目标是一样的，当然每个结果都是完满的。'"[11] 当时的读者不会知道，他1839年写下这篇拐弯抹角的进化文字时，已经在私人笔记本中记了大约两年关于这个主题的笔记。

1836年4月，小猎犬号穿越印度洋，先后造访了科科斯群岛和毛里求斯群岛。在整个航行过程中，达尔文注意到了珊瑚的生长、结构以及它们形成的珊瑚礁，尤其是在塔希提岛、科科斯岛和毛里求斯时他更注意这一点。他和之前的其他人一样，指出珊瑚礁经常形成半包围或全包围的潟湖。大约10年后，他在一本书中介绍了自己的发现，讲述了随着中心山体被侵蚀，这些环礁如何向上生长。

1836年5月底，小猎犬号抵达非洲南部的开普敦。对达尔文来说，这里最重要的两件事是他与两个人的会面，其中一位是苏格兰医生兼博物学家安德鲁·史密斯（Andrew Smith）。大约10年前，史密斯被提名担任开普敦南非自然历史博物馆的首任馆长。史密斯极大地影响了达尔文关于大象等大型草食性四足动物需要什么样环境的想法。在南美洲的潘帕斯平原，达尔文几乎没有发现大型的本地草食性四足动物。他得出的结论是，造成这种缺失的原因是缺乏茂盛的植被；此外，气候变化导致了维持这些巨兽生存所需的植被丧失，大地獭、巨型犰狳的同类物种、乳齿象都已经灭绝。然而史密斯打消了达尔文的这种想法：他们一起策马同行了一段距离，来到植被稀少的非洲南部平原。史密斯告诉达尔文，在这种环境下，有大量的大型草食性四足动物，如大象、犀牛、河马、长颈鹿、角马、各种羚羊。达尔文目睹草食动物的多样性，相信了史密斯观点的真实性。这样，他就需要寻找其他原因来解释潘帕斯平原上大型食草动物的缺失。多年来，两人保持着并不频繁的通信。

在菲茨罗伊船长的陪同下，达尔文在开普敦与英国著名天文学家约翰·赫歇尔（John Herschel）进行了第二次会面。赫歇尔于1834年1月携妻子抵达南非，以研究南半球的天文现象。赫歇尔曾阅读并非常欣赏莱尔的地质学著作，包括他关于"旧物种灭绝后新物种出现"想法的预示性意义。在给莱尔的一封信中，赫歇尔将新物种的出现称为"谜中之谜"，这封信后来被公之于众。[12] 多年以后，赫歇尔的观点影响了达尔文进化论思想的发展。达尔文牢牢记住了赫歇尔的名言，甚至在25年后出版的进化论巨著中引用了上述名言。具有讽刺意味的是，赫歇尔否决了达尔文后来提出的解释进化的自然选择机制。命运的最后一件奇事是，赫歇尔和达尔文被埋葬在威斯敏斯特教堂相邻的地下墓穴中：赫歇尔于1871年，达尔文于1882年。

6月中旬，小猎犬号驶离开普敦，在圣赫勒拿岛和阿森松岛停留，但令船员们惊恐的是，菲茨罗伊没有直接向英国进发，而是坚持让他们绕道穿越大西洋返回，重新检查巴西东部的勘测结果。完成之后，他们驶向英国，并在亚速尔群岛停留。1836年10月2日，经过4年零9个月的航行，小猎犬号停靠在了英国的法尔茅斯。达尔文匆忙离开船，前往什鲁斯伯里的家——蒙特山庄。他的家人正在那里等待他的归来。

因达尔文的环球航行而闻名天下、载入史册的皇家海军著名测量船小猎犬号的命运如何？又有一次考察在等着小猎犬号。经过维修，6个月后，它启航对澳大利亚海岸进行勘测。1837年至1843年间，小猎犬号由约翰·克莱门茨·威克汉姆指挥，他曾在菲茨罗伊手下担任二把手；达尔文的前舱友约翰·洛特·斯托克斯担任大副。这次航行中，他们以前船长的名字命名了西澳大利亚北部的一条河流，以年轻博物学家的名字命名了一个港口（即现在北领地的达尔文港）。正如许多类似船只的情况一样，第三次航行后，这艘船的晚年黯然失色，成为一艘永久锚定在泰晤士河口的海岸警卫队监视船。

## 注 释

1. 查尔斯·达尔文，《查尔斯·达尔文自传：1809—1882 年》，第 76 页。
2. 查尔斯·达尔文 1831 年 10 月 30 日写给约翰·亨斯洛的信，载《查尔斯·达尔文书信集第 1 卷：1821—1836 年》，第 176 页。
3. 在日记和笔记中，达尔文提到 35 次洪堡，提到 24 次莱尔。见查尔斯·达尔文，《日志与评论 1832—1836 年第 3 卷：1826 年至 1836 年间皇家海军冒险号和小猎犬号勘测之旅纪事，对南美洲南部海岸的勘测和小猎犬号环球航行的考察》：(*Journal and Remark, 1832–1836, Vol.III: Narrative of the Surveying Voyages of His Majesty's Ships Adventure and Beagle, between the Years 1826 and 1836, Describing Their Examination of the Southern Shores of South America and the Beagle's Circumnavigation of the Globe*, London, 1839)。
4. 一封为芬妮·欧文 1832 年 3 月 1 日写给查尔斯·达尔文的信，载《查尔斯·达尔文书信集第 1 卷：1821—1836 年》，第 213—215 页。另一封为埃米莉·凯瑟琳·达尔文 1832 年 1 月 8 日至 1832 年 2 月 4 日写给查尔斯·达尔文的信，载《查尔斯·达尔文书信集第 1 卷：1821—1836 年》，第 192—193 页。
5. 查尔斯·达尔文，《查尔斯·达尔文自传：1809—1882 年》，第 73—75 页。
6. 查尔斯·达尔文 1832 年 5 月 18 日至 1832 年 6 月 16 日写给约翰·S.亨斯洛的信，载《查尔斯·达尔文书信集第 1 卷：1821—1836 年》，第 238 页。
7. 查尔斯·达尔文 1833 年 6 月 2 日写给约翰·M.赫伯特的信，载

《查尔斯·达尔文书信集第 1 卷：1821—1836 年》，第 320 页。

8　苏珊·达尔文 1833 年 10 月 15 日写给查尔斯·达尔文的信，载《查尔斯·达尔文书信集第 1 卷：1821—1836 年》，第 337—338 页。

9　约翰·亨斯洛 1833 年 1 月 15 日至 21 日写给查尔斯·达尔文的信，载《查尔斯·达尔文书信集第 1 卷：1821—1836 年》，第 292—264 页。该书第 397—402 页显示，达尔文 1834 年 7 月 24 日在瓦尔帕莱索写给亨斯洛的信中提到，自己收到了两封亨斯洛的信，一封日期为 1833 年 12 月 12 日，另一封日期是 1833 年 1 月 15 日。目前只有后一封信为人所知。

10　查尔斯·达尔文 1835 年 7 月 19 日至 8 月 12 日写给苏珊·达尔文的信，载《查尔斯·达尔文书信集第 1 卷：1821—1836 年》，第 457—459 页。

11　查尔斯·达尔文，《日志与评论 1832—1836 年第 3 卷》，第 526 页。

12　赫歇尔关于"谜中之谜"的论述曾在不同的地方发表。查尔斯·莱尔写给威廉·惠威尔（William Whewell）的一封信中写道："你还记得赫歇尔在给我的信中所说的话吧。如果我像他一样清楚地表明，新物种的引入或起源是一种自然的可能性，而不是一种神迹般的过程，那么我应该会引起很多反对意见——任何试图向公众公布这些神秘话题的哲学家，每一步都不幸地遭到反对。"见查尔斯·达尔文，《查尔斯·达尔文的生平和书信，包括一部自传》（*The Life and Letters of Charles Darwin, Including an Autobiographical Chapter*），弗朗西斯·达尔文（Francis Darwin）编，第 2 卷，第 191 页。

## 第四章

# 新的科学职业生涯与新婚妻子

1836年10月2日晚,达尔文从小猎犬号停靠的法尔茅斯出发,经过近两天的旅程,于10月4日清晨抵达在什鲁斯伯里的家。家人发现达尔文除了严重变瘦之外,头部形状在长途航行后也明显发生了变化(可能是在用颅相学的陈词滥调开玩笑)。除了刚刚随小猎犬号度过的近5年之外,接下来的10年将是达尔文一生中最振奋、最投入的10年。这当然会是最刺激、最繁忙的一个时期。他的第一项任务是卸下他由约翰·亨斯洛转交回英国的许多箱材料。然后,他需要寻找有时间、有意愿、有能力的杰出科学家,来评估和描述他这些来之不易的标本。这些标本的整理出版需要他的监督,他需要对描述这些标本的卷册进行介绍。菲茨罗伊请达尔文供稿,撰写一卷他的经历和航行的博物志,作为一套书的一部分。另外,达尔文还将编纂另外3本关于航行期间地质调查各个方面的技术性书籍。

在撰写这次考察及其标本的著作期间,达尔文还开始了另一项研究,起初他非常谨慎。从1837年夏天开始,即他回来不到一年后,他打开笔记本,思考约翰·赫歇尔所说的"谜中之谜",即新物种是如何出现的。达尔文在 3 年时间里,记了 9 本笔记——或者只保存下来 9 本。其中 5 本涉及他对新物种之起源的新想法。部分是基于他所贴的标签,我们称这些为红色笔记本,以及笔记本 B、C、D、E。虽然可能不是故意保密的,但它们总归对他当时关于"新物种可能如何出现"的个人思考很有用。正如我们在这些笔记本中所明确见证的:到 1837

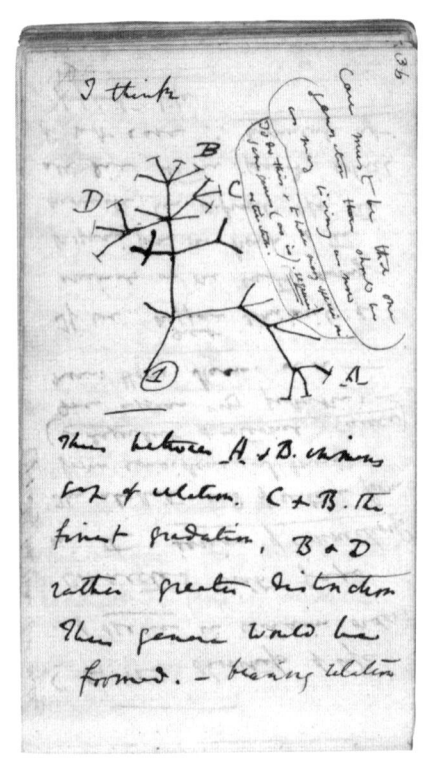

达尔文的第一个系统发育树或生命树,即 1837 年著名的"我认为"图表,来自笔记本 B

年7月，达尔文对进化论的正确性更加自信了。在这个时候开始记的笔记本B中，我们看到了现在著名的树状分支图，他将其标记为"我认为"。[1]笔记本B确凿地证明，到1837年夏天，达尔文在进化的理论化方面取得了进展；但也有证据表明，他在乘坐小猎犬号回家的旅途中就开始思考进化的可能性了。一个遗憾的插曲是，笔记本B和笔记本C于2001年在剑桥大学图书馆丢失，该事件直到2020年底才被报道，现在认为是被盗了。① 幸运的是，这两本笔记有非常好的复印本。

达尔文在笔记本B落笔之前多久开始意识到生物在进化，仍然是一个有争议的问题。达尔文从未说自己在小猎犬号上开始发展自己的进化理论，但他在离开加拉帕戈斯群岛后抵达英国前发表的一些留存下来的评论表明，当时他确实在思考进化问题。他指出，加拉帕戈斯群岛和马尔维纳斯群岛上动物的不寻常分布，使他怀疑物种的永久性。达尔文的《鸟类学笔记》(*Ornithological Notes*)于1963年出版，由他的孙女诺拉·巴洛编辑，其中转录了达尔文在小猎犬号上从非洲南部北上返回英国时对鸟类的观察和对所收集标本的评注。在这些笔记中，他回忆说，西班牙人可以根据体型、龟甲的形态和一般大小来判断加拉帕戈斯群岛的乌龟种类。他写道，这些彼此相望、物种稀疏的岛屿差别不大，但在自然界中扮演相同角色的鸟类占据，这暗示它们只是衍生自南美洲共祖的变种。接着他指出，东马尔维纳斯群岛和西马尔维纳斯群

---

① 2022年3月9日，这两本笔记本被匿名归还。

岛的南极狐之间也有类似的微小差异。他总结道："如果这些评论有丝毫依据，那么群岛动物学将非常值得研究；因为这样的事实会破坏对物种稳定性的认知。"[2] 对于最后一句话的含义，人们有不同的看法。最直接的答案是，在达尔文抵达英国前不久，一直在努力解决物种不变性的问题，并认为物种确实会随着时间的推移而变化。

达尔文去世 5 年后，1887 年首次出版的《自传》(*Autobiography*) 中写道，他航海归来后不久，就开始询问育种家和园丁选育他们想保存之性状的方法。1838 年 10 月，达尔文阅读了托马斯·马尔萨斯 (Thomas Malthus) 的《人口论》(*An Essay on the Principle of Population*)。这是一部理论著作，认为不可持续、不受控制的人口增长将导致饥荒和死亡，最终导致人口规模下降。达尔文认为，"为生存的斗争"也发生在动物界和植物界，这意味着具有有利特征的生物会存活下来，而具有不利特征的生物会灭绝。随着这些有利特征的积累，新物种将形成，并随着世代推移，更好地适应环境。他在自己的笔记本 D 中写道，认识到这一点，让他得出了进化的机制，他称之为"自然选择"。

达尔文回到英国几周后就正式开始手头的任务。他拜访剑桥大学的亨斯洛教授，讨论了他在航行中收集的无数标本的接收、储存与分发问题。赛姆斯·科温顿曾在小猎犬号上和一些采集旅行中协助达尔文，他同意留在达尔文身边，至少在标本的开箱和分拣完成之前担任达尔文的助手和男仆。科温顿计划移民到澳大利亚，最终于 1840 年抵澳；但在这个时候，整理这些藏品有时会是一项吃力不讨好的任务。

很快，达尔文就来到伦敦，拜访了所有主要的科学机构，试图引起各界科学家对他藏品的兴趣。地质学家对此事很感兴趣；但描述新物种的艰巨任务让许多动物学家望而却步，而达尔文又有这么多新物种需要描述。当时，来自大英帝国各大领地的一系列全球考察队，带回来许多奇异的新标本。达尔文的名声先于他本人抵达祖国，这确实对他的事业大有帮助。

1835年11月，当达尔文还在小猎犬号上时，亨斯洛就将达尔文的一些信件作为私人印刷品分发给剑桥哲学学会。同月，达尔文在剑桥大学的教授、杰出的地质学导师亚当·塞奇威克向伦敦地质学会介绍了达尔文在南美的一些工作。这意味着达尔文在1836年10月初再次踏上英国之前，已经是一位崭露头角的科学名人了。回国后的几个月内，达尔文成为伦敦地质学会的成员，并于1837年1月发表了他最初的3篇论文，涉及地质学和古生物学。此后不久，他被任命为学会理事会成员。另一个好处是，父亲罗伯特意识到，达尔文永远不会成为一名乡村牧师，而是作为一名绅士博物学家有着光明的未来。考虑到这一点，达尔文从父亲那里获得了400英镑的慷慨津贴以及股票投资，这使他能够全职从事科学研究。

1836年12月，达尔文在剑桥菲茨威廉街的房间安顿下来，开始整理他收集的标本。这期间，他定期到基督学院用餐，这是1831年他获得本科学位的机构。他指出，他已经不认识任何一名本科生——在剑桥大学获得文学学士学位的人，两年后再获得文学硕士学位是比较常见的情况。越来越知名的达尔文于1836年12月获得了硕士学位。他的财务记录显示,他本科的三年花费略高于636英镑,本科学位花费了14英镑,研究生学位花费了12英镑。剑桥大学没有因1877年授予他荣誉博士学位而收取费用。在他脑海和笔端流淌出来的众多著作中,他会在扉页上的名字后面列出各种荣誉和学会资格。而打头的总是他的硕士头衔,然后是他的荣誉博士头衔,他理所当然地为此感到自豪。

到1837年初,达尔文意识到他需要住在伦敦,更接近对

达尔文的古生物学朋友理查德·欧文,后来他们反目成仇

查尔斯·莱尔,英国著名地质学家、达尔文的支持者,19世纪60年代末

自己的研究至关重要的科学专家和机构,特别是那些他将请来描述标本的学者。因此,在3月,他搬到了大马尔伯勒街36号的房间。在那里,他经常去拜访他的科学偶像、现在的朋友、地质学家查尔斯·莱尔。在1836年10月的一次拜访中,莱尔把达尔文介绍给了理查德·欧文。这位解剖学家和古生物学家当时是英国皇家外科学院的讲席教授。他同意描述这次航行中收集到的哺乳动物化石。就此时而言,两人即使不是亲密的同行,也保持着友好的关系,但20多年后,欧文心生嫉妒,成为达尔文提出的进化思想的顽固敌人,将令

这种关系变得无法修复。具有讽刺意味的是,欧文证明了达尔文发现的哺乳类动物化石与南美洲现存物种的关系更密切,这强化了达尔文的观点,即现存物种,往往与来自同一地区的祖先化石相似。

住在伦敦给达尔文提供了其他机会。因为小猎犬号考察带来的盛誉,1838年,莱尔帮助达尔文成为雅典娜俱乐部成员。这家私人俱乐部成立于1824年,由有地位和继承了财富的人创立;早期主要是神职人员被授予会员资格,但后来它向艺术、文学、科学领域的杰出人士敞开了大门,不过直到2002年才吸纳女性。因为达尔文在伦敦,他经常去俱乐部出色的图书馆。在那里,他继续在笔记本上记下自己新的有关于进化的思想。除了莱尔,俱乐部成员还有一些人后来成了达尔文的好友和同行。

达尔文在伦敦生活期间,一个值得注意的研究机会是:他在伦敦动物园参观并观察了一只年轻的雌性猩猩。这只3岁大的猩猩名叫简女士(但被大家叫作珍妮),是该动物园展出的第一只猩猩。1837年末,动物园以150英镑的价格从一名水手手中买下了这只猩猩。动物园试图通过给她穿西式服装并教她喝茶来提高她的吸引力。这是达尔文见到的第一只活的类人猿,他对此很感兴趣。当时他已经开始私下猜测类人猿和人类起源之间的联系。对他来说,这意味着人类并不是之前人们所学到的造物的顶峰。在几次访问中,他观察到这只猩猩的各种行为:饲养员拒绝给她苹果吃时,她像孩子一样发脾气;她在镜子里照见自己时的好奇;她服从指示的能力。这些给达尔文留下了深刻的印象，他逐渐意识到人类与其他物种的进化联系。珍妮的命运并不好。1839年，达尔文第一个孩子出生的那一年，5岁的珍妮去世了。达尔文对儿子的观察和记录方式，与他观察和记录珍妮的方式大致相同。

1837年1月初，达尔文向伦敦动物学会赠送了他的鸟类

伦敦动物园圈养的猩猩珍妮，1838年2月3日刊登于实用知识传播协会的《便士》(*Penny*)杂志

与哺乳类标本。达尔文拜访了鸟类学家约翰·古尔德（John Gould）——该学会博物馆的第一任馆长和保管人，这样他就可以鉴定这些鸟类标本，并可能同意对它们进行描述。虽然达尔文曾经对自己在加拉帕戈斯发现的三四种不同的嘲鸫情有独钟，但事实证明，其他来自这些岛屿但难以归类的棕黑色小鸟有着更深刻的启示。他关于这些小鸟的位置数据并不准确，但船友的数据对其进行了补救。根据这些标本辅以地点数据，古尔德将这 12 个物种确定为仅见于这些岛屿的雀类。1837 年 1 月，他向动物学会报告了自己的发现，引起了足够大的轰动，以至于报纸都报道了这一发现。除了来自加拉帕戈斯群岛的地雀、嘲鸫和其他鸟类，古尔德告诉达尔文，他于 1833 年 12 月从炖锅中抢救出来的美洲鸵是一个较小的新物种，古尔德以达尔文的名字将其命名为达尔文三趾鸵，此即小美洲鸵。达尔文和古尔德在向学会连续发表的演讲中，报告了大美洲鸵和小美洲鸵。[3]

达尔文希望在一系列图文并茂的大型出版物中介绍这次探险得到的动物学和古生物学结果，这一系列出版物被称为《小猎犬号考察中的动物志》(*The Zoology of the Voyage of hms Beagle*)。这种出版形式允许纳入很大且通常是彩色的绘图，甚至是面积巨大的哺乳动物化石折叠绘图。《小猎犬号考察中的动物志》将分为五部分，作为 19 本独立的散装出版物出版，这种形式称为集刊，只需少量的额外费用就可以装订成 3 到 5 卷。达尔文因该项目获得了 1000 英镑的公共资金，史密斯埃尔德出版社已同意出版。达尔文计划纳入脊椎动物和无脊椎动物，但并未做到，由于资金不足，出版商和达尔文需要预付额外资金才能完成出版。欧文同意描述哺乳动物化石，并于1838年初写作关于这一主题的集刊中的第一部，集刊共四部，于1838年至1843年完成。紧随其后的是乔治·罗伯特·沃特豪斯（George Robert Waterhouse）关于哺乳动物的四部集刊（1838—1839）。1838年，由于古尔德与插画家妻子伊丽莎白（Elizabeth）前往澳大利亚，鸟类学工作变得复杂起来。幸运的是，古尔德完成了这些描述，其中还包括伊丽莎白的精美插图，这为构成《小猎犬号考察中的动物志》第三部分（1838—1842）的5本关于鸟类的独立出版物增色不少。不幸的是，伊丽莎白回到英国后，1841年因第八个孩子难产去世，年仅37岁。伦纳德·杰宁斯（Leonard Jenyns）关于鱼类的4部集刊（1840—1842）和托马斯·贝尔（Thomas Bell）关于爬行动物和两栖动物的两部集刊（1842—1843）为这一套出版物画上了句号。

尽管在《小猎犬号考察中的动物志》中，众人的研究供稿无疑有助于19世纪中叶世界生物群知识的增长，但哺乳动物和鸟类化石对达尔文关于进化的个人思考影响最大。对达尔文来说，欧文所描述的已灭绝的巨型地獭和巨大的类似犰狳的雕齿兽，显然是几乎只见于南美的现代树懒和犰狳的祖先。这向达尔文证明了哺乳动物在不同大陆上随时间推进而发生的演替。同样，古尔德描述的独特的加拉帕戈斯地雀和嘲鸫，直接表明它们的祖先来源于南美洲。祖先种到达加拉帕戈斯群岛之后，在各个岛屿上繁殖，产生了新的物种。

除了研究航行中发现的脊椎动物外，达尔文还说服昆虫学家弗朗西斯·沃克（Francis Walker）和博物学家乔治·沃特豪斯发表了大约 25 篇关于昆虫的文章，描述小猎犬号航行中遇到的现存哺乳动物。贝类学家和插画家乔治·索尔比（George Sowerby）同意在达尔文 1844 年和 1846 年论南美洲地质的两本书的附录中，描述和说明贝壳化石。此外，德国博物学家克里斯蒂安·埃伦伯格（Christian Ehrenberg）用德语发表了 4 篇关于显微镜下才可以观察到的生物群的论文，这些生物被统称为纤毛虫类。

谈到谁可以描述航行中收集的植物，达尔文认为自己的导师约翰·亨斯洛是理所当然的人选，亨斯洛对此表示感兴趣，并开始对这些植物进行编目和检查。亨斯洛向威廉·杰克逊·胡克（William Jackson Hooker）寻求帮助，得偿所愿；胡克当时在格拉斯哥大学，后来任伦敦邱园的园长。1843 年，这位老胡克联系达尔文，询问自己的儿子约瑟夫·胡克（比达尔文小 8 岁）是否可以描述这些植物。小胡克刚刚从 1839 年到 1843 年皇家海军幽冥号考察船的南极之旅中回国。他曾担任船上外科医生兼标本收集员罗伯特·麦考密克的助手。这位麦考密克正是达尔文曾经共事的船上医生兼博物学家；小猎犬号第二次航行才进行几个月，他就因为感觉菲茨罗伊船长在科学问题上偏向达尔文，于 1832 年 4 月在里约热内卢离开了小猎犬号。胡克乘坐幽冥号航行考察之后，未来还将前往喜马拉雅山脉、巴勒斯坦、摩洛哥、美国西部进行不同距离的探险。鉴于胡克的经历，所有人都认为年轻的他能胜任这项任务；他

约瑟夫·道尔顿·胡克，英国著名植物学家，达尔文的同行和好友

的确不负众望，在19世纪40年代发表了关于加拉帕戈斯植物及其分布的论文。更重要的是，达尔文开始在笔记本上写下自己新的进化思想时，胡克成为达尔文最亲密的朋友和专业的知己之一。胡克的批评、建议和友谊，对达尔文来说非常宝贵。

在早期的讨论中，菲茨罗伊曾问达尔文可否提供稿件，收录到自己为小猎犬号第二次航行考察所编纂的出版物中。后来，在菲茨罗伊的同意和朋友们的敦促下，达尔文撰写了自己的航行故事。达尔文于1837年6月完成了他的多卷本著作的手稿，远远领先于其他人的供稿。这部四卷本的著作终于在1839年出版。第1卷是指挥官菲利普·金（Philip King）进

苏格兰格伦谷的平行山路

行的第一次航行，第 2 卷和附录是由罗伯特·菲茨罗伊进行的第二次航行，第 3 卷是达尔文在自然历史和陆地探险方面的贡献。这是达尔文的第一本著作，出版后他激动不已。他的著作有一个简单的标题：日志和评论。这本书非常成功，出版商亨利·科尔伯恩（Henry Colburn）在同一年把它作为独立的作品重新出版，取名为《小猎犬号访问的各国度的地质和自然历史研究志》(*Journal of Researches into the Geology and Natural History of the Various Countries Visited by hms Beagle*)。从许多方面来说，这是达尔文最成功的书，从未绝版，并被翻译成多种语言。它的名称至少被更改了 4 次，现在通常被称为《小猎犬号航海记》。菲茨罗伊发现这本书大受欢迎，这令他感到厌烦，它的成功让他更加烦恼，因为他觉得达尔文对南美洲观察到的地质学的处理缺乏关于《圣经》的解释,他认为有必要在自己的贡献中加入《圣经》的解释,以抵消达尔文所写的内容。据他后来说,带达尔文去航海,是怀中藏了一条毒蛇。

达尔文在小猎犬号上度过的近 5 年,显然并没有完全满足他对地质实地考察的渴望。1838 年夏天,他北上在什鲁斯伯里与家人相聚,并前往苏格兰高地,参观了格伦谷的平行山路。当地传说将这些位于 3 个不同层次的惊人的平行阶地归为某种动物的足迹或人类的道路。到了 19 世纪,它们引起了地质学家的注意。刚从小猎犬号之旅落地的年轻达尔文就傲慢地认为,他能简单地将他对南美海洋阶地的了解,用于解释这片苏格兰地貌。达尔文根据莱尔的理念推测,海平面的上升和下降形成了这些所谓的平行山路。1839 年,他在一次演讲和一本专著中介绍了自己的发现,但仅仅一年后,瑞士出生的古生物学家、地质学家路易斯·阿加西斯(Louis Agassiz)就提出了冰期的概念,他指出这些平行山路来自大规模与冰川相关的湖泊的冰冻和融化。达尔文为自己的结论辩护了 20 多年,但最终阿加西斯关于冰期和冰湖的观点站稳了脚跟,迫使达尔文最终承认自己的结论是一个巨大的地质学错误。

达尔文考察格伦谷,在学会会议上宣读论文,撰文论述小猎犬号的航行,这些都是达尔文兴奋活跃的科学生活的一部分。他的个人生活很快也发生了同样戏剧性的转变。达尔文总是有科学家的思维,1838 年春季和夏季他花时间反复罗列关于婚姻利弊的清单。其中最著名的一份清单可能是他在那年夏天写的。在并列的两栏中,他一栏注明"结婚",另一栏注明"不结婚",然后分别写下了自己的理由。在长长的"结婚"的优点列表中,他写下了诸如"孩子——(如果上帝愿意的话)""永远的伴侣""晚年的朋友""被爱和玩耍的对象"和"无论如何都比狗好""音乐和女性闲聊的魅力""无法忍受像中性蜜蜂一样生活"以及无法想象自己在"烟雾缭绕、肮脏的伦敦房子里"过着孤独的生活。在"不结婚"的标题下,他列出了"失去去自己喜欢的地方的自由""孩子的开销和焦虑""时间的损失和买书钱的减少"。他在两份清单的最后做出了坚定的决定,写下了"结婚——结婚——结婚,证毕"。[4] 他没有耽搁太久,1838 年 11 月 11 日,达尔文向自己的表姐艾玛·韦奇伍德(Emma Wedgwood)求婚,她立即接受了。这对达尔文和韦奇伍德家族来说并不奇怪,因为两人从小就认识,而艾玛只比达尔文大 9 个月。此后不久,他们于 1839 年 1 月 29 日结婚。而就在 5 天前,临近达尔文 30 岁生日之际,他被选为世界上最古老的国家科学机构——皇家学会——最年轻的会员之一。他的个人生活和职业生活都在飞速前进。

事实证明,达尔文很幸运,他的初恋芬妮·欧文变化无常,几乎在 1831 年末达尔文乘坐小猎犬号离开时就抛弃了他移情别恋。考虑到维多利亚时代早期已婚女性通常扮演的角色,人们只能惊叹于艾玛在所有方面的优秀,她是达尔文的知己、朋友、爱人和 10 个孩子的母亲。尽管艾玛笃信宗教,担心达尔文不朽灵魂的归宿,但当达尔文慢慢远离所有宗教信仰时,她仍然终生在内心和思想中支持达尔文。反过来,达尔文从不嘲笑妻子的信仰,这样就避免了夫妻在宗教问题上的任何明显分

艾玛和达尔文的肖像，19世纪30年代末，水彩画，乔治·里奇满（George Richmond）绘

歧，双方都表示相互尊重。他们两人是非常宽容的父母，给了孩子们相当大的自由，就像达尔文在蒙特山庄和艾玛在梅尔庄园所经历的那样。他们共同面对的真正的家庭悲痛是3个孩子和一个年轻儿媳的去世。

达尔文结婚前几个月时，在伦敦上高尔街12号租了一套房子。夫妻俩称它为金刚鹦鹉居，因为它的色彩和家具都很花哨。他们10个孩子中的前两个在那里出生：1839年末威廉·伊拉斯谟（William Erasmus）出生，1841年初安妮·伊丽莎白（Anne Elizabeth）出生。达尔文对记录两名幼儿的心理发展特别感兴趣，这时他头脑中一定回忆起了他对小猩猩珍妮的观察。这在对长子威廉的观察中尤为明显，达尔文从他出生到快5岁期间都定期做记录。达尔文对安妮也做了同样的事情，但记录的细节较少。他和艾玛对后来的孩子有时也这样做，但没有达到对待威廉的那种程度。和所有初为父母的人一样，达尔文对孩子的成长和发展感兴趣，但他的好奇心超越了一个溺爱孩子的父亲的角色。他作为一名科学家，有能力在某种程度上摆脱父亲的角色，成为一名更客观的观察者，这一特点在小猎犬号上对他很有帮助，现在他作为一名有抱负的年轻科学家，也同样用这一特点进行观察记录。达尔文注意到了威廉的反射性和本能性特征，如打喷嚏、打嗝、拉伸、吮吸、尖叫，而这些特征清楚地表明了他对周围世界的逐渐了解。达尔文还对这些发育特征在其他动物（即他所谓的"低等"动物）身上所表现的程度感兴趣。关于这些兴趣的描述，多年以后将在他1872年出版的《人与动物的情感表达》（*Expression of the*

Emotions in Man and Animals）一书中达到顶峰。他没有忘记对威廉的观察,几年后,他还在《心灵》(Mind)杂志上发表了《婴儿的小传》(A Biographical Sketch of an Infant)。这篇文章注定要成为经典;时至今日,大学心理学课程仍在阅读这篇文章。

达尔文在忙于观察他第一个孩子的成长时,也在从事进化论的早期研究。尽管此时他对进化的思考仍然是一种谨慎的追求,但他已经在向其他人寻求可能对自己有帮助的信息。1839年,达尔文还住在上高尔街时,他有一份由伦敦的斯图尔特和默里(Stewart & Murray)公司私下印制的 8 页问卷,题为"关于动物育种问题"。每页有 21 个问题并以单列形式印刷,这样回答者就有在问题旁边作答的空间。调查问卷究竟分发给了多少人,以及分发给了谁,已不得而知。两个已知的回应来自韦奇伍德家梅尔庄园附近的邻居。我们从达尔文当时的笔记本中知道,他正在积极思考演变和自然选择。尽管这份问卷中没有出现这些字样,但他对育种问题的调查无疑表明了他在想什么:人工选择。这是农民和育种家在动植物育种中使用的方法。对达尔文来说,他的自然选择过程与此基本相同,但它不是由人类进行选择,而是由自然控制的选择。在达尔文的余生中,他一直在向世界各地的人们发出许多请求,征求信息和标本。

## 注 释

1 查尔斯·达尔文,《达尔文关于物种演变的笔记第一部分:笔记本B(1837年7月—1838年2月)》(Darwin's Notes on Transmutation of Species. Part I. First Notebook [B] [July 1837–February 1838]),载《大英博物馆公报(自然历史)》(Bulletin of the British Museum [Natural History]),1960年第2卷第2期,加文·德贝尔(Gavin de Beer)编,第45—46页。

2 查尔斯·达尔文,《达尔文鸟类学笔记》(Darwin's Ornithological Notes),载《大英博物馆公报(自然历史)》,1963年第2卷第7期,第262页。

3 约翰·古尔德,《论达尔文先生收藏的小美洲鸵》(On a New Rhea [Rhea Darwinii] from Mr Darwin's Collection),载《伦敦动物学会学报》(Proceedings of the Zoological Society of London),1837年第51卷,第35—36页;查尔斯·达尔文,《关于古尔德的地雀属、树雀属、卡斯雀属和雀莺属的习性的评论》(Remarks on the Habits of the Genera Geospiza, Camarhynchus, Cactornis and Certheidea of Gould),载《伦敦动物学会学报》,1937年第53卷,第49页。

4 查尔斯·达尔文,《关于结婚的笔记》(Notes on Marriage),载《查尔斯·达尔文书信集第2卷:1837—1843年》(The Correspondence of Charles Darwin, Vol.II: 1837–43, Cambridge, 1985),F.伯克哈特等编,第444页。

## 第五章

# 一次重要的搬迁

随着家庭的壮大，达尔文一家希望逃离伦敦的肮脏和拥挤。1842年，他们买下了唐恩庄园，其位于伦敦市中心东南约26公里的卢士德路，非常靠近现在位于肯特郡的名为唐恩（Downe）的村庄。达尔文一家搬来时，村庄的名字是Down，末尾没有加e。据说，现在的名字是在20世纪40年代后期皇家邮政为了避免与爱尔兰的唐郡（County Down）混淆而改的。除了年幼的孩子威廉和安妮，达尔文一家还有约瑟夫·帕斯洛（Joseph Parslow）的陪伴，在达尔文和艾玛结婚后不久，他就作为男仆加入了达尔文家，为达尔文一家服务了36年，1875年退休。1898年去世后，他被安葬在圣母玛利亚教堂墓地，达尔文家族的许多成员也葬在那里。他的墓碑上写着"查尔斯·达尔文的忠实仆人和朋友"。然而，对于达尔文来说，帕斯洛不仅仅是一个男仆。在唐恩庄园的那些年里，他还协助达尔文的科学事业，担当达尔文的台球玩伴，并担任达尔文的护士和淋浴员，为达尔文每天在自造的设施中进行"水疗"提供服务。

达尔文一家搬迁前后并非一切顺利。1842 年 9 月，达尔文和艾玛搬到唐恩庄园的几天后，他们的第三个孩子玛丽·埃莉诺（Mary Eleanor）出生。仅仅 23 天后的 10 月，新生儿死于不明原因。尽管他们对她的夭折感到悲痛，但很快更多孩子相继降临人世。就在第二年，第四个孩子亨丽埃塔（Henrietta）出生，然后乔治（George）于 1845 年出生。从 1847 年到 1856 年，又有 5 个孩子出生——伊丽莎白（Elizabeth）、弗朗西斯（Francis）、伦纳德（Leonard）、霍勒斯（Horace）、查尔斯（Charles）。达尔文家的新一代到齐了。直到 1882 年去世，达尔文一直将唐恩庄园作为自己的住所，再也没有离开过英国。这并不是他在剑桥时短暂考虑过的安静乡村教区牧师的生活，但他无疑遵循了旧计划的另一部分——继续研究他感兴趣的博物学。

必须要强调的是，唐恩庄园不仅将成为达尔文一家生活和孩子们成长的地方，而且将成为达尔文未来 40 年的科学实验室，直到他去世。据达尔文所说，在唐恩庄园的生活开始并不顺利。他在 1842 年 7 月写给妹妹埃米莉·凯瑟琳的一封信中，非常详细地描述了唐恩庄园，一度写道它"丑陋，看起来不旧不新"，所以在乔迁之后的一年内，他们就开始对庄园进行改建。[1] 其中一个问题是，房子前面的卢士德路的高度让达尔文家很难保持隐私。达尔文将这条路挖低，以提供更多的隐私空间，并改善排水系统。一个面向西南花园的房间后来变成了餐厅，它的天花板被抬高了，还建了一扇凸窗。1876 年计划扩建房屋的东北侧，于 1877 年完工。扩建后的房间原计划是一个台球室，但在 1881 年，达尔文将其用作书房，称为"新书房"，放弃了他自 1842 年以来一直使用的书房。他只在 1882 年去世前的这段时间里使用这个新书房，40 年研究中绝大多数的科学论文和著作都是在老书房撰写的。达尔文和艾玛为孩子们建造的楼梯滑道可以很好地体现这对父母的开明。滑道由一个木板槽铺在楼梯上构成，一端用木头固定在半楼平台边上，可升降调节来改变滑道的倾角。一楼楼梯平台上方还垂下一根绳子，可以让孩子抓住绳子荡出楼梯。今天，有哪个家长会纵容自己的孩子这样玩耍，或者容忍这样一个可能会让孩子头部受伤、手臂骨折的设施的建造？

达尔文之所以选择这间旧书房，部分原因是它面向东北，

从花园一侧看唐恩庄园

这意味着早上只有几束光可以穿透房间。他最喜欢写作的方式是坐在高背椅上，扶手椅下面有金属框架和轮子，以提供一定的活动性。写作时，他脚下垫一个脚垫；在椅子扶手上的一块布包的木板上写字。椅子在房间的东北角，靠近窗户。他的右边是一排橱柜、抽屉和多个架子，他会在上面放上他写的书和做的各种笔记。出于对隐私的考虑，后来在面向卢士德路的两扇窗户之间安装了一面镜子，这样他就可以在来客敲门之前知道其身份。壁炉的另一边是一个被窗帘遮住的角落，这是他的私人空间，他喜欢待在这里，尤其是身体不舒服的时候。房间中央有一张结实的桌子，上面放着他工作的书籍、纸张或标本。在面向卢士德路的窗户之间有一张旋转桌，他可以把目前的工作放在触手可及的地方。他的显微镜放在右边窗户旁边的架子上，离椅子最远。走进房间，可以看到达尔文的书架填满了右边的墙壁。壁炉上方醒目地挂着查尔斯·莱尔、约瑟夫·胡克、外祖父乔赛亚·韦奇伍德的肖像。达尔文是一个溺爱孩子的父亲，孩子们经常去他的书房看望他。当时纸张并不是常见的物品，但达尔文让孩子们用废纸画画。其中一些废纸是誊写了完善的修订信息之后，他丢弃的原始手稿页。

多年来，唐恩庄园的地面上增加了许多结构和装饰，让达尔文可以进行各种实验。在这些实验中，孩子们首先充当助手，在后来的岁月里担任编辑，甚至与父亲合著图书。他最初在房子的菜园里进行植物实验，但后来在附近专门为此建造了一间温室和一间暖房。当他选育鸽子以帮助理解人工选择时，又建造了一个鸟舍。在房子后面的西边草坪附近，可以看到一

达尔文在唐恩庄园的旧书房

块巨大的圆形石头,上面有两根金属棒,从石头中间的一个开口处伸出几厘米。这是达尔文蚯蚓石的复制品,石头原件曾被他用它来记录蚯蚓在石头周围的活动,以及这种活动导致的石头逐渐沉入周围地面的速度。

当然,唐恩庄园最著名、最受认可的特色之一是沙径。这条椭圆形细长的小路位于唐恩庄园的西南方向,土地最初是从邻居约翰·卢伯克(John Lubbock)那里租来的,后来买了下来。他们种植了各种各样的树木包围这条小路,营造了一个温馨的环境。达尔文认为这是自己的思考之路。散步开始的时候，他会放一排小鹅卵石，每走完一圈就会弹开一块石头。他通常会在早上和下午冥想散步时走上几圈。沙径令达尔文后来的儿孙们相当敬畏。他们都对这条路上的一棵巨大的老山毛榉既害怕又着迷，在家族传说中，这棵山毛榉被命名为大象树，因为它巨大的被截断的枝干像一头野兽的头。达尔文的孙女——乔治的女儿，木雕师格温·拉弗拉（Gwen Raverat）从未见过祖父，她生于1885年，即达尔文去世3年后。她曾参观过唐恩庄园，并对大象树有着不切实际的回忆。她在回忆录《碧河彼时》（Period Piece）中描述了自己对大象树的印象，说它白天从树干上长出的"怪兽脑袋"，晚上会变成一个"残忍的食人魔"。[2] 最近，由于疾病和年龄的原因，大象树被砍掉了，但人们移植了一棵新树来代替它。

1882年达尔文在唐恩庄园去世后，艾玛在剑桥买了一栋名为"林居"的房子，她和女儿伊丽莎白冬天住在那里。她搬到剑桥的一个主要原因是她的三个成年儿子弗朗西斯、乔治、霍勒斯住在那里。她夏天住在唐恩庄园，1896年在那里去世。20世纪初，唐恩庄园先后迎来各种租客，1907年，唐恩庄园被改建为一所女子寄宿学校，名为唐恩庄园学校，这所学校于1922年搬到伯克郡的冷阿什，现在仍然存在。紧随其后的是另一所女子学校，由赖恩小姐（Miss Rain）经营，于1927年关闭。在1927年的英国科学促进会年会上，阿瑟·基思（Arthur Keith）和乔治·巴克斯顿·布朗（George Buckston Browne）发起一个呼吁，要求争取资金从达尔文的后代那里购买这处房产。1929年6月7日，一座由英国科学促进会赞助的博物馆

沙径、唐恩庄园和大象树

落成。[3]在接下来的10年里，房屋和庭院对公众开放，并且免费进入。但是由于靠近比金山机场的战斗机基地，庄园在第二次世界大战期间关闭，并经历了一段动荡痛苦的时期。[4]

二战结束后，因为缺乏经费，唐恩庄园的所有权于1953年移交给了皇家外科学院，其对房产进行了最低限度的维护，直到1996年伦敦自然历史博物馆和英国文化遗产署在慷慨的赠款和信托的帮助下收购了这处房产。博物馆两年后重新开放。唐恩楼及其附属建筑、庭院、花园已经并持续被大规模翻新。除了占据部分内部空间的博物馆区之外，人们还尽可能地复建一楼，以再现140多年前达尔文一家居住时的样子。

唐恩庄园不仅是达尔文一家人的家，而且是他们的避难所和庇护所，以避开后来达尔文成名所带来的公众审视。他们经常招待家人、朋友和同行，尽管距离伦敦市中心只有相对较短的距离，但考虑到19世纪初的交通困难，一些客人会留下来过夜。达尔文早期在唐恩结交的朋友之一是约翰·布罗迪·英尼斯（John Brodie Innes）牧师。虽然与当地牧师建立这种终生友好联系似乎不符合达尔文的性格，但他们的共同兴趣始于帮助不幸的人。达尔文和英尼斯参加了当地的一家储蓄俱乐部——炭服基金会。从1848年到1869年，达尔文为该基金捐款，后来从英尼斯手中接管了该基金会。两人还共同创立了友谊俱乐部，呼吁当地人捐款，以在经济困难时期对需要帮助的人施以援手。达尔文担任俱乐部秘书长超过30年，并经常在唐恩庄园主持俱乐部的年会。英尼斯牧师与达尔文一样对自然史感兴趣，两人在1881年，即达尔文去世前不到一年的最后几封通信中，讨论了蜜蜂和黄蜂的行为及其巢穴的形状。

早期，艾玛曾担任达尔文的意大利语、德语、法语科学论文的翻译员，并担任秘书，帮助组织达尔文的事务。她热情招待访问唐恩庄园的众多朋友、同行和亲戚。拜访人数随着达尔文的声名鹊起而有增无减。艾玛经常把与来访者的对话引向政治，她喜欢这个话题，因为这可以把达尔文的注意力从他的科学追求上转移开。达尔文患有越来越多的衰弱性疾病，而他的研究工作又加剧了这种疾病，艾玛经常照顾生病的达尔文。艾玛会读书给达尔文听，尤其是在晚上，她经常会读家人最喜欢的小说。在她劝说达尔文离开唐恩庄园的时候，她有时会组织各种家庭度假，去威尔士、湖区、怀特岛以及亲戚朋友家。在唐恩村，艾玛帮助建立并充实了一个供工人使用的阅览室，并为当地儿童经营了一个借阅图书馆。艾玛比她从小信奉一位论时更虔诚，她加入了英国国教会当地教区的圣玛丽教堂。

即使在搬到唐恩庄园之后，达尔文仍继续前往伦敦，参加各种科学团体的会议。在那里，他还有机会见到当时从世界各地来到伦敦的一些优秀科学家。他已经与他早年的地质偶像兼导师查尔斯·莱尔在伦敦进行了多次会面。1842年1月初，达尔文终于见到了另一位他在航海笔记中经常提到的伟大偶像和导师亚历山大·冯·洪堡，当时洪堡正在英国地质学家布罗德里克·麦奇生（Roderick Murchison）的家中做客。这位伟人希望见到达尔文并高度赞扬《小猎犬号航海记》系列著作，无疑令达尔文感到受宠若惊。但达尔文后来在自传中说，除了记得洪堡是一个"非常快乐"的人和"说了太多的话"之外，几乎记不起讨论了什么内容。[5]

达尔文尚在伦敦居住时，时常拜访自己的哥哥拉斯。艾玛和达尔文搬到唐恩庄园后，达尔文在访问伦敦参加科学会议时，经常和拉斯住在一起。拉斯26岁时就退出了医学界，因为他的健康状况太差，无法继续行医。在伦敦租来的房间里，拉斯的休闲生活包括为文化人、科学家、持边缘政见者举办餐叙，后者包括社会活动家和理论家哈丽雅特·马蒂诺（Harriet Martineau）。姐妹们写信告诉了达尔文关于拉斯和马蒂诺的事。拉斯和马蒂诺后来成为非常亲密的朋友，他们经常在一起。两人的关系让达尔文家的大多数人满意，除了马蒂诺似乎比较强势，会替拉斯做主。父亲罗伯特对这段关系持悲观态度。尽管他自己是一名自由派辉格党人，但他发现马蒂诺的政治观点对自己来说仍过于激进，并认为她与拉斯不太相配。其实他多虑了，因为两人从没有结婚。

对科学的追求振奋了达尔文的精神，但这位年轻人的科研生涯并没有一帆风顺。从小猎犬号航行回来后不久，达尔文就出现了一系列健康问题，这些问题将困扰他的余生，甚至可能缩短他的寿命。早在1838年，他就在研究"物种理论"时抱怨生病的痛苦。据推测，他对这个争议话题的焦虑导致了他的病情。焦虑成疾可能是他健康问题的一部分，此外还有其他因素，比如恰加斯病的持续影响，这可能是在阿根廷时被猎蝽咬伤而感染的。他甚至在出海考察前就向父亲抱怨过心悸——并且别忘了，他在海上几乎经常晕船。总的来说，据报道，达尔文一生中不仅心悸，而且患有神经衰弱、震颤、眩晕、痉挛、绞痛、腹胀、胀气、呕吐、头痛以及皮肤问题。我们知道，由于他严重的面部湿疹，妻子艾玛在1862年建议他蓄须，这就形成了我们今天很容易想象到的这位聪明、沉思的科学家的著名面孔。正如我们将看到的那样，达尔文在生命后期，采取了一些相当非正统的可疑疗法来减轻自己经常遭受的病痛。

达尔文的著作出版，在19世纪40年代初期和中期保持着快速的步伐。令他松了一口气的是，编辑尽心竭力的监督，让《小猎犬号考察中的动物志》的最后一卷在1843年出版。因为这本书很受欢迎，所以达尔文开始编撰《达尔文研究日志》

（*Darwin's Journal of Researches*）的第二版。这本书于1845年由约翰·默里公司出版，献给查尔斯·莱尔。与约翰·默里公司的出版协议将见证双方长期且富有成果的合作关系，因为默里将作为主要出版商，出版达尔文的12本不同的著作。该出版公司由来自爱丁堡的约翰·默里于1768年在伦敦创立。其子约翰·默里二世接管公司后，把公司搬到了位于阿尔伯马尔街50号的长期驻地。它成为一个重要的出版中心，也是文人的聚集地。后来，共有7名后代接管公司，直到2002年该公司被出售。正是创始人之孙约翰·默里三世，与达尔文建立了超过35年的长期合作关系。

此外，达尔文经常合作的出版社还有史密斯埃尔德出版社，也位于伦敦，出版了达尔文补述这次航行的3本小册子，都是技术性更强的著作，尽管在不同时期再版，但从未达到达尔文的叙述性著作的畅销程度。这3书分别论述了珊瑚礁（1842年）、火山岛（1844年）、南美洲地质学（1846年）。其中第一本书对人们的影响最为深远，也在今天最为著名。达尔文在书中主张，环形珊瑚礁是在火山岛周围形成的。当岛屿受到海浪侵蚀没入水下，珊瑚继续向上生长，保证自身能够接受阳光的照射，从而形成环状珊瑚礁。

1842年，达尔文完成了一篇35页的论文，阐述他当时新生的想法，这标志着他在进化笔记之外迈出了下一步。达尔文1882年去世后，人们有一段时间认为这篇"草稿"已经丢失了。1896年艾玛去世后，人们幸运地在唐恩庄园楼梯下的橱柜里发现了这篇论文。到19世纪40年代初，达尔文对"物种问题"的研究在他的朋友们中已经成为一个公开的秘密。1842年,查尔斯·莱尔在美国旅行时,意识到达尔文正在思考物种问题。莱尔并不太能接受达尔文的研究理论。1844年,达尔文写了一部厚达230页的较长版本,对自己研究的"通过自然选择发生世代演变"提供了最新、最全面的解释。他要求艾玛在他去世后安排出版这部更长的论著,让她托付给一位有能力扩充、改进和出版它的学者,并为此预留了400英镑经费。在这项"托孤"编辑任务中,他特别提到了自己的地质导师查尔斯·莱尔、博物学家爱德华·福布斯(Edward Forbes)、剑桥导师约翰·亨斯洛、他的植物学朋友兼同行约瑟夫·胡克、博物学家休·斯特里克兰(Hugh Strickland),以及解剖学家理查德·欧文。但是后来,由于达尔文和欧文之间的敌意越来越大,他明智地删除了欧文的名字,并在文章封面上用铅笔写道:约瑟夫·胡克是迄今为止编辑他文章的最佳人选。1844年1月,达尔文写信给胡克,含糊其辞地说,他几乎确信物种不是一成不变的,并警告说这相当于承认了一桩谋杀案。后来,他向胡克提供了那份较长的论文。尽管胡克支持达尔文在这一主题上的研究,但他仍然不相信进化,尤其是将自然选择作为一种机制的进化。

1844年发生的一件事动摇了达尔文的自信,令他更加谨慎地对待物种问题。这就是《创世自然史的遗迹》一书的匿名出版。这本书结合了关于星体进化的各种观点,以及地球上的生物物种的渐进演变。这部著作在维多利亚时代引起了真正的轰动,不仅吸引了英国的激进分子,而且吸引了广大公众的关注；据报道，艾伯特亲王向维多利亚女王朗读了这部作品。尽管公众认为《创世自然史的遗迹》令人反感，不过很有吸引力，但科学评论对其进行了猛烈抨击，并称书中的猜测未有实证，是空中楼阁。达尔文读到这本书时，松了一口气，因为这本书关于进化，尤其是自然选择的论点，都很不明显。更重要的是，在给胡克的一封信中，他表示"我也读过《创世自然史的遗迹》，但对它的兴趣似乎没有你那么大，它的写作和编排当然令人钦佩，但我认为作者的地质学知识很糟糕，他的动物学理论更加糟糕"。[6]尽管达尔文对此书持批评态度，但他承认《创世自然史的遗迹》的出版有助于为自己的工作铺平道路，并表明公众对物种进化的看法发生了巨大变化。人们纷纷猜测这部作品的匿名作者的身份，但直到1884年出到第十二版，才披露作者是1871年去世的苏格兰出版商罗伯特·钱伯斯（Robert Chambers）。

《创世自然史的遗迹》出现的第二年后，即1845年，达尔文有了更深刻的担忧，这将是他未来8年工作的重大转变的开始。胡克阅读了达尔文在1844年写给他的关于物种问题的长篇文章，他在1845年秋天给达尔文的一封信中表示，如果没有对出自世界各地的千百个物种进行详细的分类学研究，就不应该在生物学上进行更宏大的理论研究。[7]胡克指出，自己这番话并不是专门针对达尔文的理论化工作，但达尔文仍然牢记了这一告诫，并开始对藤壶这一具体类群进行最详细的研究。从1846年到1854年，他深入藤壶解剖、繁殖、分类的神秘世界，在这8年里，他努力写作，最终完成了一项四卷本的专题研究，此书至今仍备受推崇。这耗费了达尔文的大部分时间和精力，但他仍在稳步研究物种问题。他将之称为"大书"。

## 注 释

1. 查尔斯·达尔文1842年7月24日写给妹妹凯瑟琳的信，《查尔斯·达尔文书信集第2卷：1837—1843年》，第323—325页。
2. 格温·拉弗拉，《碧河彼时：我的剑桥童年》(*Period Piece: A Cambridge Childhood*, London, 1974)，第157—158页。
3. 海德利·阿特金斯（Hedley Atkins），《唐恩庄园，达尔文一家人的家：房子和住在那里的人的故事》(*Down House, the Home of the Darwins: Story of a House and the People Who Lived There*, London, 1974)，第106—125页。
4. 《战争期间的唐恩庄园》(*Down House during the War*)，载《科学进步》(*Advancement of Science*)，1945年第3卷第11期，第280—281页。
5. 查尔斯·达尔文，《查尔斯·达尔文自传：1809—1882年》，第107页。
6. 查尔斯·达尔文1845年1月7日写给约瑟夫·道尔顿·胡克的信，载《查尔斯·达尔文书信集第3卷：1844—1846年》(*The Correspondence of Charles Darwin, Vol. III: 1844–46*, Cambridge, 1987)，F. 伯克哈特等编，第108页。
7. 约瑟夫·道尔顿·胡克1845年9月14日写给查尔斯·达尔文的信，载《查尔斯·达尔文书信集第3卷：1844—1846年》，第254页。

## 第六章

## 他在哪里研究他的藤壶?

约瑟夫·胡克告诫达尔文"一个人在提出宏大的生物学理论之前,首先必须进行详细的分类学研究";无论说者有心还是无意,这句话都引起了达尔文的共鸣。胡克的告诫即使不是唯一的催化剂,也肯定在达尔文未来8年研究藤壶这件事上发挥了作用。

为什么达尔文会选择这个鲜为人知却迷人的群体进行研究?直到19世纪初,藤壶(正式名称是蔓足下纲)一直被认为属于软体动物,与章鱼、蜗牛、蛤蜊之类同列,因为像其中一些成员一样,藤壶的身体被包裹在由多部分构成的外壳中。19世纪30年代,对藤壶幼体到成体变态阶段的研究表明它们与甲壳类动物(包括龙虾、螃蟹、虾)的类缘关系更为密切。从信件中我们知道,达尔文特别迷恋他在智利遇到的一种藤壶,这种藤壶经常钻在其他海洋脊椎动物的壳里。他将其拟人化称为"Mr Arthrobalanus",意思是关节藤壶先生,但后来正式将其命名为穴居藤壶。大致来说,达尔文认为这是一个非常丰富的研究领域,因为人们对其所知甚少。达尔文对藤壶的大规模研究不仅体现了他作为一名分类学博物学家的严肃认真，而且有助于他对物种如何变化进行更广泛的探索。

达尔文做事从不三心二意。他不是研究了一部分藤壶，而是研究了所有的藤壶。他在小猎犬号上收集了许多有趣的例子，但正如他在其他项目中所做的那样，他给朋友和同行寄了300多封关于藤壶的信，许多信都请求对方提供现存物种的标本以及灭绝物种的化石标本。这包括了他能获得的所有现存和灭绝的蔓足下纲物种。很快，他的书房和家中其他地方就堆满了他从英国和国外获得的标本，其数量之庞大有时会让周围的人感到震惊。达尔文如此全心全意进行藤壶研究，以至于他的小儿子乔治认为，每个孩子的父亲都研究藤壶，乔治在小伙伴家里问——你爸爸在哪里研究他的藤壶。

达尔文花费了大量时间在显微镜下解剖标本并描述观察到的解剖结构。达尔文对这种科学仪器并不陌生。1831年5月，他在剑桥大学完成学业时，收到了一台匿名赠送的手持式显微镜，可能出自伦敦仪器制造商乔治和约翰·卡里（George and John Cary）。达尔文后来得知，这份体贴的礼物来自他的大学朋友、终身通信人约翰·M. 赫伯特。[1] 达尔文在小猎犬号航行期间，曾广泛地使用一种小型低倍显微镜。他现在要长时间从事藤壶的研究工作，在这段时间里，他会日复一日不断地观察显微镜，这意味着他不仅需要一直以来使用的简单显微镜，而且需要一种更复杂的设备。1846年，他向制造商詹姆斯·史密斯（James Smith）订购了一台单眼消色差显微镜。这种新型消色差透镜的制造工艺，有助于限制颜色和形状像差的影响。这一点很重要，因为达尔文试图区分他所研究的小生物身体部位的细微差异。显微镜有一个令人赞叹的镜头，可以放大相当大的倍数，但对于藤壶的细节研究来说，最好的图像质量可能是不超过800倍的放大倍数。在未来的几年里，即使有了新型号，他仍继续使用这种显微镜进行精细研究。

达尔文在藤壶从幼体阶段发育为成体的过程中，发现并持续研究了藤壶底部的卵，证实了藤壶是甲壳类动物而不是软体动物的观点。他的研究还揭示了藤壶生物学其他迷人的方面。

达尔文使用的一种显微镜

由于藤壶的繁殖方式,人们认为藤壶是雌雄同体的——也就是说,藤壶既有雄性生殖器官也有雌性生殖器官。达尔文表明,在一些物种中,雄体已经从独立自主的生命形式进化成了生活在雌性身体上的更简单、微小、主要产生精子的实体。他还发现,其他甲壳类动物体内的输卵管在藤壶体内变得能释放黏性分泌物,使发育中的幼体能附着到岩石或船体等所需的基质上。这些研究帮助达尔文更好地理解了生物命名法的复杂性,并为研究物种问题提供了一个具体的案例。尽管他从未专门写过关于藤壶进化史的文章,但他对这些海洋物种的分类肯定反映了它们的进化历史。即使在 160 年后,达尔文的藤壶研究仍然具有参考价值。

1848 年 11 月 13 日,在研究藤壶的过程中,达尔文从妹妹埃米莉·凯瑟琳那里得知,他们的父亲罗伯特·韦林·达尔文在什鲁斯伯里的蒙特山庄去世了。[2] 达尔文知道父亲的情况,因为他一个月前曾回到蒙特山庄,发现父亲病得很重,变化很大,正如预料的一样,一个庞大身材的人身体日渐缩小,慢慢衰竭。葬礼在达尔文收到消息的几天后举行,但他没有及时赶到什鲁斯伯里参加。达尔文身体不适,和姐姐玛丽安娜住在蒙特山庄,她也因身体不适无法参加父亲的葬礼。不出席葬礼体现了达尔文的一种行为模式。3 年后的 1851 年,他没有参加他深爱的大女儿,10 岁的安妮的葬礼。1861 年,他也没有参加他剑桥大学导师约翰·史蒂文斯·亨斯洛的葬礼。亨斯洛患有心脏病,到 1860 年冬天已病入膏肓。许多访客,如约瑟夫·胡克,前来守夜并向他告别,但达尔文显然缺席了。虽然达尔文当时的健康状况很差，但他的缺席仍然令人好奇。人们只能猜测，这不是因为生性凉薄，而是他无法应对与他关系密切的人——父亲、女儿、导师——的死亡。

达尔文身上的痼疾因繁重乏味的藤壶研究工作而加剧。他寻求新的治疗方法，最终选择来到伍斯特郡的大莫尔文镇接受詹姆斯·格利（James Gully）医生的"水疗法"，这个温泉小镇位于唐恩庄园西北约 210 公里处。达尔文在大莫尔文租了一栋大房子，1849 年 3 月带着他日益壮大的家庭在那里住了两个月。这时，达尔文家里有了 6 个孩子，最小的是伊丽莎白和弗朗西斯（1842 年婴儿玛丽·埃莉诺夭折）。达尔文一家住在大莫尔文的郊区时，他忍受着一种严格的治疗，用"灵灯"加热身体，用湿冷的毛巾剧烈摩擦，在冷水中洗足浴，辅以散步以及严格的饮食。达尔文在唐恩庄园偶尔也接受水疗，他在自家后院建了一个冷水淋浴间。男仆约瑟夫·帕斯洛协助他进行淋浴。作为疗程的一部分，达尔文也会沿着心爱的沙径散步，通常每天两次，这为他提供了一个思考工作和锻炼的机会。

在大莫尔文的求诊断断续续持续了 3 年，1851 年在那里发生了悲剧性的转折。达尔文的女儿安妮以及伊丽莎白和亨丽埃塔姐妹，自 1849 年末以来一直在治疗猩红热的并发症。1851 年初，仍在受病痛折磨的亨丽埃塔和安妮被带到大莫尔文，尝试用水疗法来缓解症状。4 月 16 日，第二次入住大莫尔文的安妮——达尔文的掌上明珠，死于猩红热、肺结核和其他健康问题引起的并发症。安妮被安葬在大莫尔文，但达尔文没有参加葬礼。生活不会停滞不前，1850 年，达尔文的第八个孩子伦

安妮·伊丽莎白·达尔文，1849 年

纳德出生，1851 年，安妮夭折后不到一个月，第九个孩子霍勒斯出生，逐渐让家庭走出悲痛。但达尔文有 12 年没有再去大莫尔文，主要是因为安妮在此夭折给他留下了痛苦记忆。在接下来的 10 年里，他在萨里的穆尔帕克和约克郡的伊尔克利间歇性地进行水疗，但只能暂时缓解症状。尽管这种治疗方法在维多利亚时代的英国很流行，但也有其批评者，达尔文总是怀疑格利医生的其他信仰——能看到超出视线外的事物，以及顺势疗法[①]。更重要的是，多年来，他的宗教观和对上帝的信仰

---

[①] 又称同类疗法。让病人使用一种能够使健康人产生相同病症的药剂来治疗疾病。

一直在减弱,安妮去世后,这些信仰的最后残余也烟消云散。他仍然支持当地教区的社区工作,但即使在安妮去世之前,他也只会陪家人去教堂,而自己不进教堂,他更喜欢周日在户外散步。

藤壶研究有助于转移达尔文的注意力,让他远离伤逝的情绪。1851年,维多利亚女王的丈夫阿尔伯特亲王和英国发明家兼政治家亨利·科尔(Henry Cole)在海德公园举办了万国工业博览会。展览馆是由平板玻璃和铸铁建造的巨大结构,因此被称为水晶宫。当时使用一种新研发的制造大块平板玻璃的方法,建造出如此宏伟的建筑,见者无不惊叹。这座建筑面积约92000平方米,容纳了来自世界各地的14000件展览品。达尔文全家,带着刚出生的霍勒斯,去观看这百年难遇的奇观。他们于7月底或8月初前往伦敦,住在达尔文的哥哥拉斯在公园街的新家中;达尔文又于8月初单独回去观展。展览结束后,1854年,作为临时建筑的水晶宫被拆除,然后在伦敦南部的布罗姆利复建。达尔文夫妇购买了水晶宫的季票,参加了当年6月的开幕式。1936年,水晶宫被大火烧毁,但本杰明·沃特豪斯·霍金斯(Benjamin Waterhouse Hawkins)为重建的水晶宫制作的恐龙模型则一直保存至今;这些复原模型招人喜欢,但在地质时代方面经不起推敲。

这些复原模型不仅包括著名的恐龙,还有一些鲜为人知的哺乳动物,比如达尔文在南美洲发现的大地獭。

在1846年至1854年的8年藤壶研究中,达尔文需要空出时间来完成其他任务。1845年,他开始撰写当时简称为《研究

1851年在伦敦海德公园举行的盛大展览

日志》的第二版。他后来的一些书也会根据畅销程度重印，甚至推出新版本。1846 年，达尔文完成并出版了他早期航行考察的三本地质学类技术书籍中的最后一本《南美洲地质观测》(Geological Observations on South America)。此外他还经常出差参加科学会议，尽管他经常患有多种疾病，身体衰弱；他于 1854 年指出，这些疾病累计浪费了他一年研究藤壶的时间。因此，他能做的工作和切实取得的成就，实属难能可贵。达尔文属于许多科学团体，参加了许多学会的工作。1837 年，他加入了伦敦地质学会理事会，1838 年，他勉为其难地担任了理事会秘书，后来出于健康考虑辞去了这个职位。他在理事会中待了一段时间，全年定期出席在伦敦举行的会议。这些并不是他在伦敦和英国各地参加的所有会议。他还出席英国科学促进会、皇家学会、林奈学会的会议，有时艾玛会陪同前往。

1851 年，即安妮去世的这一年，达尔文对藤壶的研究达到了顶峰，并开始结出果实。古地理学会出版了两本藤壶化石小册子中的第一本，雷学会（Ray Society）出版了另外两本关于现存藤壶的大部头著作中的第一部。这两卷书都是关于有柄藤壶的。在这之后，达尔文在 1854 年出版了第 2 卷藤壶化石和现存的无柄藤壶相关著作。在第 2 卷出现以前，达尔文的藤壶研究就一直备受赞扬。1853 年，达尔文因其在藤壶、珊瑚、火山岛、南美洲地质方面的研究而被授予英国皇家学会的皇家勋章。直到 1890 年达尔文去世之后，英国皇家学才会设立了达尔文奖章，以表彰"在进化、种群生物学、个体生物学（organismal biology）、生物多样性方面有杰出表现的人"。第一位获得这一奖项的人是阿尔弗雷德·拉塞尔·华莱士，1858年他与达尔文共同发现了自然选择现象。

1854年是达尔文的荣誉之年。4月24日，他当选皇家学会的精英俱乐部——哲学俱乐部成员，获得了皇家学会的更多认可。传说哲学俱乐部成立于1743年，旨在让皇家学会的某些成员聚会和餐叙。此时，该俱乐部的成员包括年轻的科学家和其他对新思想持开放态度的人，所以达尔文还在研究物种起源理论时，这个俱乐部就吸引了他。在接下来的6年里，达尔文经常参加哲学俱乐部的聚会，其通常与皇家学会的会议同时举行。达尔文也得到了林奈学会的认可，同年邀请他成为会员。林奈学会成立于1788年，得名于现代生物分类学之父、瑞典博物学家卡尔·冯·林奈（Carl von Linné），是世界上现存最古老的自然历史学会。1908年，林奈学会设立了达尔文-华莱士奖章，以奖励进化生物学的重大进步，这让达尔文进一步名垂青史。与18年前的第一届达尔文奖章一样，第一枚金质奖章授予阿尔弗雷德·拉塞尔·华莱士。

尽管藤壶专著中没有任何关于物种进化的内容，但很明显，达尔文使用的分类安排是为了展示他对该类群进化史的观点；尤其是有柄藤壶与无柄藤壶之间的深层分类划分，反映了它们漫长而独立的进化历史。他坚信分类应该反映这段进化历史。如果他在藤壶专著中直接提出物种的可变性，他就不太可能获得诸多荣誉和奖项，如被授予皇家学会皇家奖章、入选哲学俱乐部、成为林奈学会会员。科学界和社会还没有完全准备好接受这类观点，但4年后，达尔文将向他们提出关于物种可变性的非常有说服力的论证。

达尔文对藤壶的研究至今仍具有重要意义。他遵循了胡克的告诫，在处理影响深远的理论问题（即他一直探索的物种问题）之前，完成了对一个门类的全面的分类学研究。研究历时8年！我们可以体谅达尔文在给威廉·达尔文·福克斯的信中所说的：“完成这项工作后，没有人会比我更讨厌藤壶，我甚至比速度变慢的船上的水手还要讨厌藤壶。”[3]1854年9月，藤壶研究完成后，达尔文整理好了所有的标本，并在日记中写道，他现在可以重新开始为自己的物种理论整理笔记了。他现在已经可以把大部分精力花在他的"大书"上。他对藤壶的研究并不是离题，而是收集积累事实、数据、信息的大事业中的又一大块拼图，最终使进化论成为一部得到有力支持的长篇论证。达尔文现在明白了，详细的标本描述是建立自己"与时而进的物种起源和变化理论"的关键。胡克先前的告诫得到了有益的回报。

## 注　释

1　约翰·M. 赫伯特1831年5月初写给查尔斯·达尔文的信，载《查尔斯·达尔文书信集第1卷：1821—1836年》，第122—123页。

2　埃米莉·凯瑟琳·达尔文1848年11月13日写给查尔斯·达尔文的信，载《查尔斯·达尔文书信集第4卷：1847—1850年》(*The Correspondence of Charles Darwin, Vol. IV: 1847–50*, Cambridge, 1988), F. 伯克哈特等编，第182—183页。

3　查尔斯·达尔文1852年10月24日写给威廉·达尔文·福克斯的信，载《查尔斯·达尔文书信集第5卷：1851—1855年》，第100页。

第七章

# 莱尔的话一语成谶

藤壶占据了达尔文过去8年的时间，爱女安妮的夭折给他带来了沉重的打击。然而，现在，他需要重新关注1837年笔记本中首次思考的物种问题。在小猎犬号航行后的几年里，达尔文积累了关于各种主题的许多资料，如人工选择和自然选择、杂交、变异及其原因、化石记录以及动植物分布。他需要专注且投入精力才能把它们整理好。尽管他的理论始于私人笔记本，但这种状态并没有持续很长时间。通过达尔文与家人、朋友、同行交流的信件，我们可以清楚地看出他们知道达尔文在物种问题上的研究，但不清楚的是，他和他们分享了多少细节。达尔文曾在1844年请求妻子艾玛在自己去世后出版他对物种问题的较长论著，可见艾玛肯定知道他的工作。

达尔文开始谨慎地向自己的地质导师莱尔提出物种可变性的问题。1838年9月，在给莱尔的一封长信快结束时，达尔文写道："我最近一直在……关注与物种问题有关的动物的分类、类缘关系和本能的问题，大量新观点不断出现在笔记本上，笔记本写满之后，这些事实开始明确地按照一些次级定律，自己分门别类。"[1] 我们这些事后人看来，达尔文在这段话中的目的毋庸置疑，但莱尔只能读出达尔文对这个话题的疯狂迷恋。当然，现在还不是分享这些笔记本中异端内容的时候。尽管莱尔对进化论的真实性的态度不冷不热，其中部分原因是他的宗教信仰，但多年来，莱尔越来越频繁地敦促达尔文将他的想法摆到公众和科学界面前。在小猎犬号考察船南美洲的航行中，达尔文拿到了莱尔《地质学原理》的第2卷。在此书中，莱尔不认同拉马克关于进化论的观点，但仍然认为这些观点是一种勇敢的努力。这让我们了解到莱尔的性格，尽管他可能不认可某个特定的理论作为前提，但他坚信如果能有充分的论证，好的理论终有出头之日，这是他的法律背景遗留下来的特质。莱尔曾主张地球非常古老和稳定，以及物种灭绝是曾发生过的事实——这些想法在19世纪初仍未被人们完全接受。达尔文在小猎犬号上完全接受了这两种理念，尽管他后来与莱尔就物种灭绝如何发生以及为什么发生进行了争论。莱尔认为，大多数物种灭绝是由环境条件的不断变化引起的，而达尔文日益认为，大多数灭绝是因为物种与其他物种（通常是其后代物种）竞争，遭到淘汰。因此，对莱尔来说，这是一个物理原因；而对达尔文来说，这则是一个生物学原因。由于这些过程并不相互排斥，所以两人都至少在一定程度上是正确的。

　　莱尔和其他人面临的问题，未必是物种是如何灭绝的，而是新物种是如何出现的。后一个问题的答案，可能见于世界不同地区的化石记录中。莱尔在《地质学原理》第2卷中回答了这一问题，他提出了他所谓的"创造中心"来解释不同地区物种新形式的出现——不是通过进化，而是通过全面的神意干预。他的这种观点，几乎已经认可物种会随着时间的推移而发生某种形式的自然变化，虽然在他的观念中这可能是受上帝的影响。莱尔通过信件、会议以及最终阅读达尔文"大书"的部分内容，越来越了解达尔文的研究工作；随着达尔文分享那些不断积累的进化论证据，莱尔慢慢成为一位对进化论比较接受的听众。

1844年1月，在请求艾玛在自己去世后出版通过自然选择的进化论著作之前，达尔文曾写信给略年轻于自己的植物学家约瑟夫·胡克，在信中提到了物种并非一成不变的观点。虽然胡克和达尔文刚认识不久，但达尔文可能感觉到胡克这个人对自己的想法持开放和接受态度。1847年，达尔文确信胡克会公平地听取他的想法，于是在胡克访问唐恩庄园时，向这位植物学家提供了一份自己在1844年所写内容的副本。[2] 尽管支持达尔文对这一主题的研究，但胡克这时仍不相信物种的可变性，尤其是以自然选择作为机制的可变性。回想一下，胡克1845年的告诫是，在完成一项详细的分类学研究之前，不应该进行理论推导；这种研究使达尔文开始了8年与藤壶为伴的日子，最终为达尔文的理论提供了更多的"弹药"。

1839年，美国植物学家阿萨·格雷（Asa Gray）访问伦敦邱园时，胡克将达尔文介绍给了格雷。格雷只比达尔文小一岁，1842年成为哈佛学院第一位植物学教授和植物园园长。两人直到1855年才开始大量通信。达尔文起初特别关心格雷所提供的美国开花植物的分布情况,因为这些数据可以增添新内容,丰富自己日益扩大的以进化论解释动植物分布的证据库。1857年,达尔文赌了一次,给格雷寄去了一份1844年所写内容的副本。[3] 两年后,达尔文的理论发表时,格雷最终成为他在美国的最早拥护者,但格雷认为是造物主引导了进化的方向,这一点为达尔文所不赞同。

其他一些人,也在某种程度上意识到达尔文正致力于进化的理论化研究。但莱尔、胡克、格雷对这项工作最为了解,并作为真诚的"经纪人"帮助达尔文完善观点和论据。在这个过

阿萨·格雷,美国著名植物学家,达尔文的同行和好友,1855年

程中，达尔文说服这三个人，让每个人都接受了物种通过长期自然选择发生变化（或进化）的可能性。莱尔仍然是这三位科学家中最不情愿的一位，并且接受自然选择也最晚；即使最终接受了，态度也不冷不热。这些科学家都没有完全接受达尔文的所有论证，但值得称赞的是，他们都敦促达尔文尽快发表自己的理论，不要让别人"捷足先登"。最终，借助与格雷通信的间接结果，以及莱尔和胡克的直接行动，达尔文的进化论将于1858年首次公布。

另一位科学家后来成为达尔文事业的重要宣扬者，他就是托马斯·亨利·赫胥黎（Thomas Henry Huxley），比达尔文小16岁，也是胡克的好友。达尔文发现赫胥黎是一位争强好胜、直言不讳的科学家，他丝毫不能容忍蠢人，而愿意迎战所有与他意见相左的人。他也被认为是19世纪后半叶英国最好的比较解剖学家。尽管赫胥黎是一个打破传统的人，但他曾反对物种进化的观点，一直强烈批评1844年匿名出版的《创世自然史的遗迹》。达尔文也曾批评这本书，但与赫胥黎不同的是，达尔文反对它是因为它缺乏科学严谨性，而不是因为它支持进化论，当时他对进化论的研究仍是分散的，只与胡克等少数人分享。

达尔文和赫胥黎于1851年相遇，当时赫胥黎刚从皇家海军响尾蛇号的航海考察任务中归来，该船在1846—1850年间考察了新几内亚、澳大利亚。赫胥黎在航行中担任船上军医的助手和海洋生物博物学家，他和达尔文作为博物学家长期航海和研究海洋动物的共同经历，构成两人明显的共同兴趣点。赫胥黎

1849年发表了关于水母的研究，作为年轻科学家赢得了科学界的认可。由于两人的共同兴趣，达尔文能够游说赫胥黎评论自己出版的藤壶专著。正如胡克所说，达尔文的藤壶专著使他跻身于有能力的分类学家之列，从而使达尔文最终向公众揭示进化的理论性成果时更加令人信服。赫胥黎在1857年的一场关于藤壶主题的讲座中，对达尔文的藤壶专著大加赞赏。[4]

达尔文现在已经汇集了许多同行和朋友，他们要么已经得知，要么很快就会得知他在物种可变性问题上的研究工作。1856年4月26日，达尔文在唐恩庄园举行了一场具有开创意义的晚宴。晚宴前后几天，达尔文夫妇接待了赫胥黎和亨丽埃塔夫妇、胡克和弗朗西丝（亨斯洛之女）夫妇，以及昆虫学家托马斯·弗农·沃拉斯顿（Thomas Vernon Wollaston）。达尔文夫妇还邀请了年轻的友邻——新婚的约翰·卢伯克、艾伦夫妇，与聚会的朋友们共进晚餐。所有人都认为，这次谈话涉及了对科学问题的广泛讨论，包括物种的可变性，这样的聚谈持续了几天。达尔文的一个主要目的，当然是让这些可能心怀赞赏的同行了解自己关于物种进化的异端思想，在这次谈话中他披露了比以前透露的内容更多的细节。在阅读达尔文1844年所写内容后的十多年里，胡克对他的大部分论证都了如指掌，比其他人更了解达尔文的假说。其他人很快就会了解到更多。这些人中只有沃拉斯顿后来因为宗教原因成为达尔文进化论的批评者，但他自己却主张物种的变化是有限的，尤其是在岛屿上。

尽管莱尔没有参加这次私下聚会，但他听说了聚会上激烈

托马斯·亨利·赫胥黎，英国著名解剖学家，约1861年

的科学讨论，并且已经意识到达尔文的理论已经完善成熟到了什么程度。[5] 4月初，达尔文在唐恩庄园向莱尔详细解释了其"大书"的内容以及已撰成手稿的篇幅。尽管达尔文的计划让莱尔感到不安，但他可以看到这些成果是如何让拉马克的理念和论证黯然失色。达尔文向莱尔解释说，自己希望出版一本名为《自然选择》的大型完整著作。莱尔反驳说：你应该在其他人发表同样的理论之前，撰写一个更短的版本。尽管达尔文考

1853年左右，中年的达尔文、艾玛与儿子伦纳德

虑了莱尔关于缩短手稿的建议,但他最终拒绝这样操作,而从1856年的剩余时间到1858年初,继续深入撰写"大书"。他将其中一些章节命名为地理分布、自然变异、生存斗争、自然选择、杂交现象、本能、性状分异。到1858年4月中旬,工作的强度和可能的情绪压力影响了达尔文的健康,导致他再次求助于一种古老的疗法——水疗,尽管他现在选择去65公里外位于穆尔帕克的一个更近的水疗馆。他抱怨说,这种病使他耽搁了一个月甚至更长时间的工作。

在这段繁忙的时间里,达尔文设法在唐恩庄园继续进行一些实验研究。毫无疑问,这让他撰写"大书"之余,有必要的喘息机会。他还与农民和育种人谈论了他们在选择理想性状方面的做法,达尔文对此很感兴趣,以至于在唐恩庄园设立了一个家鸽育种项目。达尔文小的时候,曾见父亲在蒙特山庄养过鸟,所以他对其中的工作有所了解。他还意识到当时很流行饲养大约15种优质的鸽子品种,并且和育种人打交道可以收集有关变异和遗传特征的信息。为此,1856年他在唐恩庄园建造了一间鸟舍,以便进行育种实验。这不单单是科学研究,他同时享受着与其他育种人建立的友谊。鸟类爱好者认为鸽子的不同品种是由各种野生类群进化而来,而科学家则认为它们是由一种鸽子进化而来——这也正是达尔文的立场。这一点对他正在研究的理论很重要,因为它提供了证据,证明了这些鸽子品种如何从同一祖先通过人工选择多代个体,进化衍生而来。此时达尔文的观点已经很接近——在自然世界,动物和植物通过一个类似于人工选择(他称为"自然选择")的过程,从一个共祖进化衍生而来。

鸽子并不是达尔文在唐恩庄园实验的唯一鸟类。他设计了几个实验，让孩子们更好地了解各种物种（尤其是那些不会飞的物种）如何被动地被运送到遥远的地方，如加拉帕戈斯群岛。在一次实验中，他从附近池塘边挖取了三勺泥土，而这些样本中培育出的500株植物属于许多物种。他假想，基于这类情况，水很可能会被动地运输种子，而滨鸟能飞翔很长距离，可以主动地用脚爪或肠道传播这些种子。在另一个实验中，他将鸭掌悬挂在水族箱里，箱内有小型淡水有壳生物的卵、幼虫、成虫。一些刚刚孵化出来的极小生物生存在鸭子的脚上，在潮湿空气中存活长达20个小时。达尔文指出，在这段时间里，苍鹭或野鸭可以飞行至少965或1130公里，然后降落在另一处池塘里。

在达尔文的这段紧张的研究时期，唐恩庄园的家庭的各个方面生活仍在继续。按照当时达尔文的社会阶层的习俗，五个儿子各自长大，去了寄宿学校，而两个长大的女儿则在离家近的地方上学。长子威廉第一个离家，就读于沃里克郡的拉格比公学，然后进入剑桥大学基督学院。大学毕业后，他终身在南安普顿的一家银行工作。威廉极力倡导全民高等教育，在后来的南安普顿大学的建立过程中发挥了重要作用。他娶了美国女子萨拉·普赖斯·阿什伯尔·塞奇威克（Sara Price Ashburner Sedgwick）。他们夫妻没有孩子，但他成了侄女们最爱的长辈。作为家中的老大，他经常接待父亲、母亲和南安普顿达尔文家族其他成员的来访。

威廉是达尔文夫妇1839年生的头胎，他17岁时，家里生了第10个也是最后一个孩子，时间是1856年12月6日，取名为查尔斯·韦林·达尔文（Charles Waring Darwin）。不到一年，人们就意识到他发育有问题，尤其是在走路和说话方面，根据家庭成员的描述，这些问题符合唐氏综合征的症状。由于艾玛和达尔文是表亲，达尔文一直担心近亲结婚可能对后代产生影响。虽然近亲结婚生的孩子患遗传性疾病或学习障碍的风险略有增加，但艾玛生韦林时已经48岁，这是唐氏综合征更大的风险因素。

1858年6月中旬，达尔文在整理自己的一些关于鸽子的研究时，收到了一个邮包，里面有华莱士写的一封书信和一份论文手稿。[6] 邮包可能是3月从马鲁古群岛的特尔纳特寄出的，那里当时是荷属东印度群岛（现印度尼西亚）的一部分。直到6月，信件才送到达尔文手中。1856年，莱尔向达尔文推荐了华莱士1855年的论文《论规范新物种产生的规律》（*On the Law Which Has Regulated the Introduction of New Species*），因为它触及了一些达尔文在自己的物种研究中讨论的问题。莱尔向达尔文推荐华莱士的论文时，已经知晓达尔文物种研究的真实状况。莱尔认为，华莱士的论文预示着——在达尔文发表物种问题论文之前，其他科学家有可能捷足先登。另有一位不知情的印度同行爱德华·布莱思（Edward Blyth）写信给达尔文，说华莱士这篇论文为驯养物种如何分化形成新物种，提出了令人信服的论证。[7]

华莱士后来回忆说，1854年他前往马来群岛之前，曾和达尔文在大英博物馆短暂会面,但达尔文已记不起那次相遇。不过,两人确实在1857年就已通信,讨论物种的演替、变异和分布。在这些信中,达尔文甚至向华莱士提起,大约20年前,他开始记录物种变异以及关于物种和变种之间如何不同的问题。[8]无论是华莱士1855年的论文,还是两人1857年的通信,都没有引起达尔文的充分关注,因为达尔文认为自己在华莱士手稿中没有看到新东西。随着华莱士最新书信和论文的到来,达尔文就会明白自己完全误判了形势,以及莱尔提的建议是多么正确。

达尔文打开邮包,阅读华莱士的手写论文时,他被所读到的内容惊得目瞪口呆——莱尔的警告一语成谶,痛苦地变成了现实。这篇论文是1858年2月华莱士在特尔纳特岛时所写,题为《论变种无限期偏离原始类型的趋势》(*On the Tendency of Varieties to Depart Indefinitely from the Original Type*)。一眼望去,华莱士提出了一种和达尔文的物竞天择、世代递嬗理论相同的理论,就好像他在撰文时读取了达尔文的头脑一样!华莱士甚至引用了马尔萨斯关于人口增长的论著,就像达尔文20年前解释自然选择过程时一样!达尔文犹如五雷轰顶,感觉自己辛辛苦苦建造了20年的科学大厦已经在自己面前轰然倒塌。随附的书信请求达尔文将手稿转交给莱尔,请他判断这篇论文是否值得发表。华莱士懵懂地写信给达尔文,他只知道达尔文对物种问题感兴趣,却不知道他在过去20年里积累了有关这个问题的证据。他请达尔文作为自己和莱尔的中间人,因为他和达尔文有通信联系,而可能对自己直接联系地质学权威莱尔感到尴尬。尽管这时达尔文感到天塌地陷、悲痛欲绝，但他认为只为获得优先权而急于发表是不道德的，这事关他的荣誉。也许他还记得（即便是下意识地记起）多年前自己在爱丁堡大学的经历，当时罗伯特·埃德蒙德·格兰特没有正确地将他发现的海洋生物归功于他，曾经深深地伤了他的心。

即使在焦虑之下，达尔文仍恪尽本分地在6月18日将华莱士的论文寄给了莱尔。[9]他在附信中写道，莱尔关于其他学者会抢先一步发表理论的预测，已经一语成谶。他写道，自己的独创性已经被打破，唯希望自己的书出版时，多年的研究仍有价值。他一直戴着有色眼镜，认为没有其他人能得出自己的结论，罔顾同行要他尽快发表的警告。他们知道，关于进化的猜测，已经被知识之风吹得跃跃欲起。

莱尔立即回信说，达尔文应该总结一篇自己理论的简述，进行发表；但达尔文不会采取任何他认为不光彩的行动。[10]他求助莱尔并联系自己的好友和进化论知己胡克，在这种看似棘手的情况下，努力想出可能解决问题的办法。几天之内，达尔文就收到了他们的消息。他们提出了一个似乎可以解决这个难题的方案——联合发表。通过这种方式，两位作者都将因发现通过自然选择的进化论而获得荣誉，并可以选择达尔文早期的一份或多份手稿公布，表明达尔文已经对这个主题研究多年。历史有时不友善地认为这种解决方案是卑鄙的。但这一提案让两位作者获得同等的分量和功劳，符合各自此前所做的研究工作。华莱士当然对联合论文的发表一无所知——他远在马来群岛，需要几个月的时间才能收到发表通知。最好的做法是尽快

阿尔弗雷德·拉塞尔·华莱士，自然选择的英国共同发现者，约 1895 年

提交联合论文。他们决定，原定于 7 月 1 日举行的林奈学会会议是一个宣读联合论文的好地方，这是最迅速的解决方案。对另一个问题的考虑，引发了这种紧迫性。华莱士当然把自己的信和论文手稿寄给了达尔文，以便转交给莱尔。但是为了确保自己的手稿至少有一份到达英国，也许华莱士寄了另一份给其他通信人？其实华莱士没有这样做，不过达尔文和他的支持者当时无从知晓这一点。因此，他们认为时间至关重要。

华莱士的文章，成了达尔文工作的重要催化剂。达尔文于是不再继续努力于将在未来时日完成多卷本的"大书"，而是开始着手完成一部能在一年多后出版的单卷本著作。当时，他并不知道这本书会比任何多卷本巨著更能激发公众和科学界的想象力。1858年6月20日,达尔文开始撰写他这时所说的"摘要",但命运再一次打击了达尔文,他现在面临着另一场危机——他家里出了事。15岁的女儿亨丽埃塔患上了高烧和严重的喉咙痛,随后尚在襁褓中的小达尔文也发烧了,完全无法缓解。因此,达尔文面临着两方面的紧急情况,似乎无路可走。在讨论该将达尔文的哪一份手稿纳入联合论文期间,小达尔文夭折了,全家陷入深深的悲痛。达尔文在悲痛中无法自己决定,便向胡克寄送了未发表的材料,请求胡克从中挑选出一些片段纳入联合论文。[11] 最后,胡克选择了达尔文寄来的这两篇手稿。首先是胡克曾经看过的1844年所写内容的摘要,以及1857年写给阿萨·格雷的一封信的摘要,其中阐述了达尔文的理论。接下来是华莱士的论文。

这篇题为《论物种形成变种的倾向,以及论通过自然选择法使变种和物种存续》(*On the Tendency of Species to form Varieties; and on the Perpetuation of Varieties and Species by Natural Means of Selection*)的联合论文,确定达尔文和华莱士为作者,莱尔和胡克写了一篇导言信,所有这些都由学会秘书约翰·约瑟夫·本内特(John Joseph Bennett)在7月1日的会议上大声宣读。论文于8月20日在《林奈学会动物杂志》(*Zoological Journal of the Linnean Society*)上发表,但人们对这篇论文沉默以对,兴趣不大。林奈学会主席托马斯·贝尔主持了会议,他在1859年5月的年度报告中写道,前一年没有"惊人的发现"——这可能是因为他不赞成联合论文的内容。他当然了解其中涉及的人物。20年前，他就在《小猎犬号考察中的动物志》中为达尔文描述了爬行动物和两栖动物。

两位作者都没有出席7月那次重要但波澜不惊的会议。达尔文在唐恩庄园为失去18个月大的儿子而悲伤，而华莱士远在东南亚，完全没有注意到在英国的进程。一些人声称，达尔文、莱尔、胡克的行为是一场邪恶的阴谋，旨在剥夺华莱士作为进化论鼻祖的合法地位。人们可以争论这三人最终决定的行动的优劣，但在华莱士的行动、公开声明和书信中，总是表示很高兴作为自然选择的共同发现者分享这一荣誉。华莱士在1869年出版的《马来群岛自然考察记》（*The Malay Archipelago*）一书中对这一点做了最好的总结，他提到自己对达尔文的"尊重和友谊"以及对他的"天才和杰作的深深钦佩"。他还在1889年出版了一本书，名为《达尔文主义》（*Darwinism*）。如果达尔文及其伙伴轻视华莱士，那么华莱士就不太可能做这两件事。

尽管两人的友谊会随着时间推移与日俱增，但这两名天才之间出现分歧也不足为奇。华莱士敦促达尔文用赫伯特·斯宾塞（Herbert Spencer）提出的术语"适者生存"取代"自然选择"，因为对华莱士来说，"自然选择"一词意味着必须存在一位选择者。达尔文没有放弃自然选择，但是受华莱士所迫，他在1869年出版的《物种起源》第五版中使用了斯宾塞的短语。多年来，这个短语被证明是一个不幸的替代品，因为人们对"适者"的含义有很多困惑。在大众语言中，适应意味着力量，在这里的行文中，它指击败对手以获得食物、住所或配偶的力量。今天，生物适应度并不等同于身体力量（尽管它发挥了一定作用），而是生殖适应度或生殖成功。华莱士也不认同达尔文对性选择的解释；两人在人类进化方面也有不同观点；华莱士后来接受了招魂说，而达尔文则认为这不科学。

1858年，达尔文和华莱士发表联合论文之时，两位作者之间还没有分歧——冲突是几年后才产生的。在论文发表的这个关键时刻，达尔文最需要的是从过去几个月的艰难困苦中解脱出来。在艾玛的劝说下，达尔文一家度过了一个急需的假期，从7月初到8月初，他们大部分时间都在怀特岛旅行。达尔文继续收集笔记并撰写手稿，甚至在穆尔帕克的水疗馆接受治疗时也在写作，直到1859年撰写"摘要"期间他都会反复光顾此地。但是，哪个出版社会出版这样一部异端邪说呢？

达尔文接洽了1845年印行《达尔文研究日志》第二版的约翰·默里出版社，后者出乎意料地很快答应了出版事宜。卡彭特（Capenter）2008年撰写的约翰·默里出版王朝七代人的历史显示，约翰·默里三世遵循惯例，要求两位外部评审家对手稿做出评论。第一位是律师乔治·波洛克（George Pollock），他指出达尔文的书可能超出了大多数科学家的理解范围，但达尔文已经解决了这个主题的各种可怕问题。然而第二位评审家甚至连这种明褒实贬的通融都没有。这一位是默里旗下保守的《季度评论》（*Quarterly Review*）的编辑——惠特维尔·埃尔温（Whitwell Elwin）牧师，他感到震惊，认为这本书既疯狂又愚蠢。约翰·默里三世在商言商，出版了这部著作，尽管他后来指出，整个理论就像考虑扑克和兔子的成功交配一样荒谬。

1859年5月10日，达尔文将其"摘要"十四章中的六章寄给了出版社。这些和后续手稿的校样很快问世，但达尔文仍需要做出一些明显的和不甚明显的更改，这让任何出版社都感到头疼。10月1日，达尔文写道，他花了13个月零10天的时间完成了这本书，但这让他付出了多么巨大的代价！他的健康状况变得一塌糊涂，经常呕吐。他立即前往（现西约克郡的）温泉小镇伊尔克利的韦尔斯水疗馆，达尔文在那里待了两个月的大部分时间，希望水疗法能再次带来一些喘息的机会。尽管家人的来访给了他一些安慰，但在这段时间里，他的健康和精神每况愈下。11月2日，默里给在伊尔克利的达尔文寄去了一本刚印好的书，让达尔文喜出望外，连呼"我的孩子来了"。[12]

11月24日，达尔文在伊尔克利迎来了《论通过自然选择的物种起源，或在生存斗争中受惠种类的保存》(*On the Origin of Species by Means of Natural Selection, or the Preservation of Favoured Races in the Struggle for Life*）一书的出版。这本书定价15先令，包括14章和一个索引，厚达502页。难怪默里拒绝达尔文在如此巨著的标题中加入"摘要"一词。《物种起源》前八章论述了人工和自然条件下的变异和选择、为生存而斗争、杂交、本能，及其理论面临的问题。接下来的五章研究了对其理论具有意义的古生物学、生物地理学、形态学和胚胎学问题，尤其是证明进化已经发生的多种证据。最后一章是对全书的"重述和结论"。

《物种起源》中有一幅单独的折叠插页图，达尔文称之为附图。这是一棵假想的生命树，达尔文用它来解释自己理论中的进化过程如何运作，强调了他所说的性状趋异原则。性状趋

第七章 莱尔的话一语成谶 143

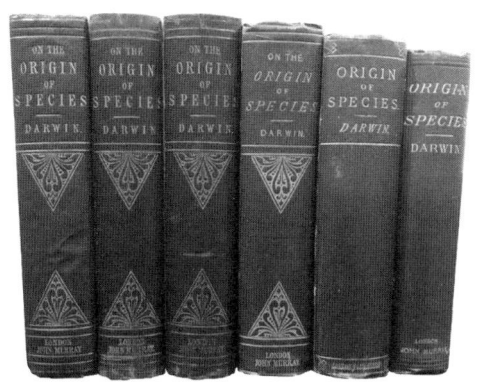

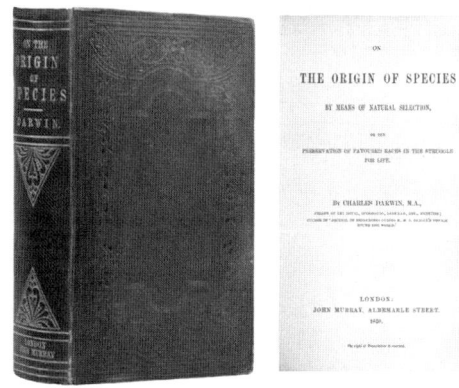

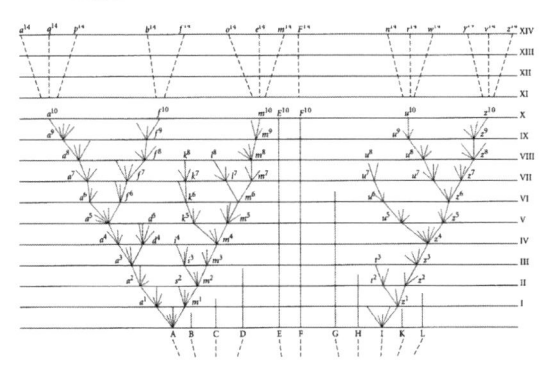

六个版本的《物种起源》及第一版的封面、扉页、折叠插页图

异是这本书中经常重复的主题，比随进化时间而进步的观念更为重要。这一点与维多利亚时代生物学和宗教所强调的进步理想背道而驰。在达尔文的树状图中，有11个祖先，标记为从A到I、K和L，在14个等长的时间段中成长，从下到上用罗马数字标识。只有两个祖先物种在每个地质时间段中都呈现许多缓慢分支的新物种，而其他9个物种在地质时间内保持不变，大多数已经灭绝。这不是一棵显示任何类群进化史的树，但可适用于在文本中做广泛的解说，以解释达尔文的设想：进化过程在漫长的地质时期展开，大多数谱系停滞，少数谱系趋异。后来，不同的学者提出了以停滞期为主导的进化模式。20世纪70年代提出的间断平衡理论，就是这一模式的最新迭代版本，其中认为大多数变化发生在物种形成期间。然后是长时间的平衡或微小的变化，类似于160多年前达尔文关于停滞的论证。尽管达尔文绘制了许多其他类似图表供个人使用并与同行通信，但他一生中唯一公开发表的树状图就是这一幅。

人们经常说《物种起源》首印1250本，在11月24日正式上市之日销售一空，这一说法并不准确。达尔文11月2日在伊尔克利收到一本样书，后来又收到了12本给作者的赠书。达尔文的一份名单表明，他向国内外发送了90本《物种起源》，这类书通常会由出版社的职员在书上题写"来自作者"字样。默里又寄出了41本书供学者评论，以及5本书供办理版权手续。11月22日，出版社向分销商提供了剩余的约1100本书以供发行。穆迪图书馆购买了500本，确保公众可以借阅。由于留给其他分销商的书太少，第一版被超额认购了250本，迫使出版社准备再次印刷。

1860年1月7日,第二版印刷3000册。尽管扉页上没有注明是第二版,但考虑到出版社和达尔文对原版进行了一些更正,所以被认为是第二版。最显著的变化出现在最后一句也是最富有诗意的句子中。1859年第一版中写道:

> 生命以此观之,何其壮哉——太初有几丝元力被吹入了几种(或一种)生命形态之中;随着这颗行星依照引力定律运转不停,从这样一个简单的开端,发展出最美丽和最奇妙的无数生命形态,方兴未艾,演化而来。[13]①

在1860年的第二版中,"被吹入"改为"被造物主吹入"。[14]1863年,达尔文在给胡克的一封信中透露,他后悔为了迎合公众舆论而加入了"造物主"这个词——他真正想表达的意思是一个未知的肇因。"但我一直很后悔,因为我被舆论所左右,并使用了摩西五经中的术语'创造',我真正的意思是通过某种完全未知的过程而'出现'。目前,这只是对生命起源的低级思考;人们还可以想一想物质的起源哩!"[15]达尔文没有在后来的版本中删除它,原因仍不得而知;于是它一直存在于所有后续的版本中,包括1876年达尔文修订的最后一版。

正如上面引用的话所示,这部代表作的所有版本中的最后一句话落脚点都是动词"进化"(evolved),但在该书的前五版

---

① 摘自清华大学出版社《物种起源:现代注释版》,达尔文著,詹姆斯·斯科塔注,李虎译。

中，达尔文从未在文本中使用过名词"进化"(evolution)。达尔文不愿意使用 evolution 这个词，部分原因是它与 18 世纪的预成论概念有关，此概念认为生物体是从父母精子或卵子中形成的相同的微型版本发展而来的。除了这个想法明显荒谬的逻辑之外，达尔文的同时代人赫伯特·斯宾塞（"适者生存"一词的创始人）还用"evolution"来描述自然世界的所有变化。到 1868 年，达尔文开始向大众情绪低头，在 1868 年的《动物和植物在家养下的变异》(The Variation of Animals and Plants under Domestication) 一书中用了一次这个词，在 1871 年的《人类的由来及性选择》(The Descent of Man, and Selection in Relation to Sex) 中使用了 32 次这个词来指代自己的理论。直到 1872 年《物种起源》第六版首印时，达尔文才使用了 17 次动词和名词的"进化""进化论者"这类衍生词。《物种起源》从未绝版，在作者一生中被翻译成了 11 种语言，最后一版被翻译成至少 35 种语言，是翻译语种最多的科学书籍。今天，我们仍然把他的理论称为自然选择的进化论。

达尔文后来意识到，在第一版中，他没有提及之前其他人的研究，即使这些研究没有真正引导他的研究结果，这也是一种疏忽失职。因此，从约翰·默里 1861 年出版的第三版《物种起源》开始，达尔文加入了他所说的"历史概要"，1860 年初"历史概要"在美国和德国出版的版本中以较短的内容呈现。1859 年，胡克曾向达尔文指出，法国博物学家夏尔·维克托·诺丹（Charles Victor Naudin）在 1852 年的一篇论文中提到，物种可能会通过类似于人类培育驯养品种的过程发生变化。达尔文意识到，诺丹并没有提出自然选择，但他仍然将驯养物种和野生物种的变化联系起来。达尔文于是对"历史概要"进行了扩充，讨论了在自己之前触及物种变异可能性但未能进行精细完整解释的科学家。此外，在达尔文和牛津大学的巴登·鲍威尔（Baden Powell）的通信中，鲍威尔表示，达尔文的著作和成果先于其他人，包括他自己。[16]同样，达尔文了解到，在苏格兰商人兼林业学家帕特里克·马修（Patrick Matthew）撰写的一本书的附录中，是通过达尔文所说的"自然选择"来解释物种的出现。[17]达尔文在其"历史概要"中列出了他认为"相信物种变化，或者至少不相信单独创造行为"的人。在1866年出版的《物种起源》中，他提到了地质学家、植物学家、动物学家，以及一些也曾涉及古生物学主题的学者。

除了自然选择的共同发现者华莱士之外，达尔文的"历史概要"中还纳入了海因里希·布龙（Heinrich Bronn）、《创世自然史的遗迹》的匿名作者（罗伯特·钱伯斯）、亨利·弗雷克（Henry Freke）、罗伯特·格兰特（Robert Grant）、约翰·赫歇尔、约瑟夫·胡克、托马斯·亨利·赫胥黎、理查德·欧文、赫伯特·斯宾塞。达尔文提到的更早的知名人士包括亚里士多德（Aristotle）、布封（Buffon）、伊拉斯谟·达尔文、伊西多尔（Isidore）和艾蒂安·杰夫罗伊·圣希莱尔（Étienne Geoffroy Saint-Hilaire）、约翰·沃尔夫冈·冯·歌德（Johann Wolfgang von Goethe）、让·巴蒂斯特·拉马克。我们感谢达尔文的一丝不苟，在应该归功前人的地方归功前人、不矜己功，他在文献中翻箱倒柜，承认了尽可能多的人，无论他们是否担当得起。

# 注　释

1. 查尔斯·达尔文 1838 年 9 月 14 日写给查尔斯·莱尔的信，载《查尔斯·达尔文书信集第 2 卷：1837—1843 年》，第 103—107 页。

2. 在 1847 年 2 月 8 日写给约瑟夫·胡克的信中，达尔文写道："不知道什么时候我能去邱园度过一个上午，听一听你对我的物种理论有什么看法。"这封信的脚注 5 表明，胡克在访问唐恩庄园时可能得到了一份 1844 年所写内容的副本，这件事可能发生在 1847 年 1 月 16 日。见《查尔斯·达尔文书信集第 5 卷：1851—1855 年》，第 11 页。

3. 查尔斯·达尔文 1857 年 9 月 5 日写给阿萨·格雷的信，载《查尔斯·达尔文书信集第 6 卷：1856—1857 年》（*The Correspondence of Charles Darwin, Vol.VI:1856–57*, Cambridge, 1990），F. 伯克哈特等编，第 445—450 页。

4. 托马斯·亨利·赫胥黎，《博物学讲座·第十二讲：蔓足下纲》（*Lectures on General Natural History.Lecture XII: The Cirripedia*），载《医学时报与公报》（*Medical Times and Gazette*），1857 年第 15 期，第 238—241 页。

5. 查尔斯·莱尔 1856 年 5 月 1 日至 2 日写给查尔斯·达尔文的信，载《查尔斯·达尔文书信集第 6 卷：1856—1857 年》，第 89—92 页。

6. 尽管这篇文章发表于 1858 年，但华莱士寄给达尔文的信件和文章手稿均未找到。虽然有不同意见，但这封信和手稿可能是在 1858 年 3 月 5 日至 19 日之间寄出的，6 月初抵达唐恩庄园。

7. 查尔斯·莱尔可能在 1856 年访问唐恩庄园时首次向查尔斯·达尔文推荐了华莱士 1855 年的论文。查尔斯·达尔文 1858 年 6 月 18 日写给查尔斯·莱尔的信件和手稿，载《查尔斯·达尔文书信集第 7 卷：1858—1859 年》（*The Correspondence of Charles Darwin, Vol. VII: 1858–59*, Cambridge, 1991），F. 伯克哈特等编，第 107 页。爱德华·布莱思也曾于 1855 年 12 月 5 日就华莱士的论文写信给达尔文，见《查尔斯·达尔文书信集第 5 卷：1851—1855 年》，第 519—522 页。

8 查尔斯·达尔文 1857 年 12 月 22 日写给阿尔弗雷德·拉塞尔·华莱士的信，载《查尔斯·达尔文书信集第 6 卷：1856—1857 年》，第 514—515 页。

9 查尔斯·达尔文 1858 年 6 月 18 日的手稿和写给查尔斯·莱尔的信，载《查尔斯·达尔文书信集第 7 卷：1858—1859 年》，第 107—108 页

10 查尔斯·达尔文 1858 年 6 月 25 日写给查尔斯·莱尔的信，载《查尔斯·达尔文书信集第 7 卷：1858—1859 年》，第 118 页，该页脚注 2 表明，莱尔可能就论文内容给华莱士写了一封信，并将其寄给达尔文，让他转交给华莱士。这封信未被保存下来。

11 查尔斯·达尔文 1858 年 6 月 29 日写给约瑟夫·道尔顿·胡克的信，载《查尔斯·达尔文书信集第 7 卷：1858—1859 年》，第 121—122 页。

12 查尔斯·达尔文 1859 年 11 月 3 日写给约翰·默里的信和手稿，载《查尔斯·达尔文书信集第 7 卷：1858—1859 年》，第 365—366 页。

13 查尔斯·达尔文，《论通过自然选择的物种起源，或在生存斗争中受惠种类的保存》，1859 年第 1 版，第 490 页。

14 查尔斯·达尔文，《论通过自然选择的物种起源，或在生存斗争中受惠种类的保存》，1860 年第 2 版，第 490 页。

15 查尔斯·达尔文 1863 年 3 月 29 日写给约瑟夫·道尔顿·胡克的信，载《查尔斯·达尔文书信集第 12 卷：1864 年》(*The Correspondence of Charles Darwin,Vol.XII:1864*, Cambridge, 1999)，F. 伯克哈特等编，第 278 页。

16 查尔斯·达尔文 1860 年 1 月 18 日写给巴登·鲍威尔的信，载《查尔斯·达尔文书信集第 8 卷：1860 年》(*The Correspondence of Charles Darwin,Vol.VIII:1860*, Cambridge, 1993)，F. 伯克哈特等编，第 39—40 页。

17 查尔斯·达尔文 1860 年 4 月 13 日写给《园丁纪事》(*Gardener's Chronicle*) 杂志的信，载《查尔斯·达尔文书信集第 8 卷：1860 年》，第 156 页。

# 第八章

## 评论和反响

1859年，达尔文出版的进化论巨著，几乎一夜之间让他从最受尊敬、最著名的博物学家，变成了最恶名远扬的博物学家。直到1876年第六版，即最后一版出现之前，达尔文花了大量时间通过科学论文、信件、书籍，为自己和自己的理论辩护。达尔文从不当面与评论家辩论，例如在科学会议这种场合；但无论是在通信中还是在对著作的修订中，他从未回避与评论家的交流。不过，他的坚定捍卫者们会与评论家进行公开辩论，其中包括英国的莱尔、胡克、赫胥黎、华莱士，美国的格雷、德国的恩斯特·海克尔（Ernst Haeckel）等等。我们只能猜测达尔文为什么选择以这种方式回应评论家，其中一个关键的原因应该是他的健康状况不佳。他当然并非天生就爱回避这种交流，人们只需要想起他在小猎犬号上与罗伯特·菲茨罗伊进行的相当激烈的讨论就能知道这一点，尤其是涉及奴隶制问题时——他坚决反对奴隶制。他不再这样做的原因很简单，《物种起源》问世的时候，他的健康状况已不再允许这种面对面的互动。尽管达尔文没有亲自与评论家打交道，但他当然不会放弃讲述和捍卫自己的进化论。毕竟,他的"大书"还有很大一部分没有出版。在《物种起源》出版后的19年里,达尔文的大部分研究都发布在7本书中,其中两本各有两卷。这些书中,有一些是他设想的物种问题"大书"的一部分。

《物种起源》11月出版后不到一个月,报纸上开始出现评论。许多评论是匿名的,这在19世纪的英国很常见。《钱伯斯文学科学艺术杂志》以一种欣赏的态度宣称,"达尔文先生完全可以期待自己的观点(如果被接受)将彻底改变自然史"。杂志编辑之一是罗伯特·钱伯斯——1844年《创世自然史的遗迹》的匿名作者,所以事后看来,人们可能期待他们间会有一些共鸣。[1]《星期六评论》(Saturday Review)采取了更加审慎的态度,刊文写道,尽管他们"仍然未被说服",但他们远非认为"达尔文劳动和研究的成果,对自然科学毫无用处……从此以后,必须承认自然选择是有机体结构在自然状态下被修改的主要模式"。[2]《约翰牛和不列颠》(John Bull and Britannia)杂志宣称,尽管达尔文的理论"还不能说是成立的……但通过为自然留下法则,促使其自我进化,毫无疑问是神圣的创造行为,并不逊于直接创造发达的生物形态本身"。[3]

在接下来的几年里,《物种起源》迎来了更多的争论。在美国,达尔文自1857年以来一直与格雷分享自己的进化理论,因此格雷并不惊讶达尔文《物种起源》的出版,格雷收到了约翰·默里出版社敬赠的这本书。1860年3月,格雷在《美国科学与艺术杂志》[American Journal of Science and Arts,现称《美国科学杂志》(American Journal of Science)]上发表了一篇书评。该杂志创建于 1818 年，是美国持续发行时间最长的科学期刊，也是当时科学界有影响力的领先期刊。格雷在为达尔文的巨著争取美国版权方面发挥了重要作用，这在 19 世纪是一项了不起的事情。达尔文对格雷如此看重，以至于将自己的书《同种植物的不同花型》(*The Different Forms of Flowers on Plants of the Same Species*) 作为"对尊重和友情的小小礼物"献给了格雷——这是达尔文难得的第二次献书；第一次是在 1845 年，他把《研究日志》第二版敬献给查尔斯·莱尔。

格雷还在 1860 年 7 月出版的《大西洋月刊》(*Atlantic Monthly*) 上发表了一篇由三部分组成的对达尔文理论的广泛评论。该杂志创办于 1857 年，至今仍在出版，涵盖了文学、文化、社会问题等多个方面，其读者不仅限于科学家和学者。通过这本杂志，格雷将达尔文的理论更广泛地传播出去。1860 年，《大西洋月刊》发表了其他文章和评论，其中涉及美国观众更为关注的问题——奴隶制向西扩张、内战迫在眉睫，以及即将到来的 11 月总统选举，亚伯拉罕·林肯（Abraham Lincoln）在四方竞选中以 40% 的选票获胜。林肯和达尔文的生日恰好都是 1809 年 2 月 12 日。两人在 1860 年都已经 51 岁，达尔文刚刚出版了自己的代表作，而林肯即将领导一个被血腥内战撕裂的国家。

格雷和达尔文的通信反映了美国的动乱时代。1861 年，美利坚合众国和新宣布成立的"美利坚邦联"（南方联盟）之间爆发武装冲突后不久，达尔文就致信格雷，说他不知道有谁会不支持北方。像达尔文这样的上层或中上层阶级的自由派辉格党成员以及更广泛的公众当然支持北方，但英国更保守的精英则不然。达尔文认为，尽管结果可能存在一定的不确定性，也许这场"反对奴隶制的十字军东征"中会牺牲百万人的生命，但它将"在人类事业中得到回报"，看到"地球上最大的诅咒——奴隶制被废除"。[4] 伦敦的《泰晤士报》(*The Times*) 公开表示支持南方联盟，这使艾玛·达尔文非常愤怒，她抵制了该报纸很多年。

两年后的1863年，达尔文写信给格雷，说林肯"发布了反对奴隶制的法令"。尽管格雷的回信写道"奴隶制已经消亡"，但由于美国内战造成的巨大破坏，达尔文仍然对结果持怀疑态度。[5] 英国政府从未承认南方联盟，既没有签署任何条约，也没有交换过大使，只是称南方联盟为"交战方"。联盟和英国之间逾九成的贸易因为棉花的灾难性短缺而终止。在暗示性的外交推动下，英国出钱支付突破战争封锁的费用，冒险向南方联盟港口运送武器和奢侈品，运回棉花和烟草。利物浦甚至在建造军舰，要交付给南方联盟海军。美英似乎真有可能因"与南方贸易问题"而开战，直到冷静的外交政策占了上风。

迫在眉睫的美国内战在英国媒体上占据了重要地位，但达尔文的惊天巨著引发的反响也同样受到关注。达尔文的著作出版7个月后，1860年6月30日，在英国科学促进会的会议上，人们进行了公开辩论。辩论在牛津大学新落成的"科学大教堂"——大学博物馆内举行，当时建筑细节尚未完工，藏品也未陈列完成。这一事件流传至今，被称为"牛津大辩论"。它被描绘成一场关于进化论真实性（尤其是达尔文著作真实性）的交锋。达尔文因为身体状况和对公开辩论的憎恶没有出席牛津大学的会议,他更希望其他人能接过火炬。辩论双方的主角分别是牛津主教塞缪尔·威尔伯福斯和比较解剖学家托马斯·亨利·赫胥黎;前者是达尔文思想的敌人,后者已成为达尔文思想的坚定支持者。会议实况并没有被记录下来,人们事后的说法也各不相同,但比较广泛的共识是,进化论者当仁不让地取得了胜利,而少数人则认为双方都守住了自己的立场。

两天前的6月28日,在牛津举行的同一次科学会议上,威尔伯福斯和赫胥黎对达尔文的理论展开了辩论。理查德·欧文和赫胥黎都是比较解剖学家,他们参加了一场关于植物性行为

塞缪尔·威尔伯福斯主教——达尔文及其进化论在英国的敌人

的讲座，主讲有力地引用了达尔文的进化思想。但接下来发生了一场与植物性行为无关的争吵。欧文引用了他1857年的研究来反对进化理论，其研究认为，只有人类大脑中有小海马体[①]，大猩猩等其他类人猿不存在这一部分。而赫胥黎报告了自己的解剖学工作来反驳欧文的观点。赫胥黎认为，尽管大脑的大小不同，但是人类和其他类人猿在大脑的这一区域差别不大。后来赫胥黎发表了这方面的研究成果，论证了自己观点的正确；这让人们开始怀疑欧文是英国最好的比较解剖学家这一说法，更严重的甚至怀疑他作为一名科学家的可信度。查尔斯·金斯利（Charles Kingsley）的《水孩子：对陆地婴儿讲的童话》（*The Water-babies: A Fairy Tale for a Land Baby*）一书讽刺这场交流为"小海马体大考试"，但这对欧文的声誉没有任何帮助。该书于1862—1863年在《麦克米伦杂志》（*Macmillan's Magazine*）上首次连载，随后于1863年出版。尽管这本书间接地支持、推广了达尔文关于进化论的研究，但金斯利的讽刺往往是两边开火，在本书中，欧文和赫胥黎合二为一，被描绘成一个名叫"普提提摩尔恩斯普瑞茨"教授的角色（Ptthmllnsprts，即 Put-them-all-in-spirits，意为让他们都振作起来）——这个名字显然讽刺了他们在公众讲座中使用保存标本的倾向。[6]

小海马体的喧嚣骚动使双方摩拳擦掌跃跃欲试，为6月30日的威尔伯福斯和赫胥黎的交锋布设了战场。这不是一场正式的辩论，而是发生在英国出生的美国哲学家和科学家约翰·威

---

[①] 即 hippocampus minor，目前该词已被废止。

廉·德雷珀（John William Draper）相当枯燥的讲座之后的一次激烈讨论。德雷珀的讲座受达尔文理论的启发，重点讨论了欧洲的智力发展，会议和随后的讨论由达尔文的剑桥导师约翰·史蒂文斯·亨斯洛主持。满座的观众不是为了德雷珀而来，而是为了听威尔伯福斯的反达尔文言论而来，几乎可以肯定威尔伯福斯是受欧文指使。事实证明，观众们并没有失望，他们确实目睹了一场精彩的辩论。但大多数人认为，高傲的威尔伯福斯犯了一个战术错误。他问赫胥黎：你自称为猴子的后裔，那你的猴子血统是从祖父那边还是从祖母那边传下来的呢？据传，赫胥黎对坐在他旁边的本杰明·布罗迪（Benjamin Brodie）爵士低声说："上帝把他交到我手中了。"赫胥黎随后面向观众回答，大意是，如果被问选择哪一个当祖先，那么他宁愿要一只可怜的猴子作为祖父，也不要一个天赋异禀、影响力巨大，却仅仅为了在严肃科学讨论中嘲笑他人而运用这些能力的人；他毫不犹豫地肯定自己的首选是猴子。这句话给观众留下了深刻的印象，以至于几乎记不得赫胥黎所说的其他话，无论赫胥黎是否真说过这句话，这句话总归至少被达尔文的支持者认为是一场胜利。

在赫胥黎发表上述言论之后，一名观众挥舞着一本《圣经》，谴责达尔文亵渎上帝，有人说他有点精神错乱。此人正是罗伯特·菲茨罗伊船长，当时已担任海军少将，人们说他对多年前让达尔文登上小猎犬号的决定后悔不已，耿耿于怀。从海军部在小猎犬号第二次航行中不赞成他购买探险号，到让他担任命运多舛的新西兰总督，菲茨罗伊的职业生涯和经济状况都堪称坎坷。到 1860 年牛津辩论时，菲茨罗伊一直是天气预报部门的管理者，这对在海上航行中拯救生命尤为重要。在这方面，菲茨罗伊走在了时代的前列，但即使在这里，他也面临着一些海军部成员的强烈反对。世事纷纷，都对他的心理健康造成了损害，以至于 1865 年，他用剃刀割喉自杀，其方式与 1822 年自杀的舅舅罗伯特·斯图尔特（Robert Stewart，卡斯尔雷子爵）如出一辙。

达尔文的好友兼同行约瑟夫·胡克在辩论会上做了最后发言，坚定了讲座观众对达尔文主义的支持。当时整个事件只在媒体上得到了短暂的关注，但随着时间的推移，它成为公众接受进化论的一个关键转折点，虽然并非达尔文和华莱士自然选择理论的转折点。在"牛津大辩论"数月之后，出现了两篇对达尔文的明显负面评论，尽管是匿名发表的，但众所周知，《季度评论》中的一篇由威尔伯福斯撰写，《爱丁堡评论》（Edinburgh Review）中的一篇由欧文撰写。[7] 威尔伯福斯的评论虽然披着科学外衣，但内里却是一场宗教论证。它一开始赞扬了达尔文的论述风格和付出的巨大努力，但威尔伯福斯认为，每一个物种在自然界中都是不变的——每个物种在创造时都被赋予了独特的"属性和组织"。最后，他嘲笑了在物种中寻找变化的想法，将其等同于发现神兽——如半人马、翼马（一种传说中长着鹰头和翅膀、马身的动物）和以胸为脸的"无头人"的可能性。

欧文的评论，不仅是最负面的一篇评论，而且是最傲慢的。他首先对达尔文略加赞美，明褒实贬，然后他完整地引用了达尔文书中的第一句话，随后又轻蔑地评论说，书中没有任何论证能揭示包括人类在内的任何物种的起源。他迫不及待地开展批判，不管达尔文其实还没有写过任何关于人类起源的东西。在喋喋不休地谈论南美洲土著人、海绵、植物之后，欧文得出结论，这本书没有提供任何证据来阐明物种的起源。其中一个让人感到尴尬的例子是欧文嘲笑了达尔文所讲的北美黑熊的故事——人们看到，黑熊在游泳时张开嘴巴，像鲸鱼一样捕捉昆虫。[8]达尔文大胆地设想，随着时间推移，在昆虫供应充足且没有其他竞争对手的情况下，自然选择会使这些熊越来越适应水生环境，最终进化成一种鲸鱼。尽管这是一个有趣的思想实验，但它为达尔文的对手提供了大量的笑料，欧文在印刷品和信件中大肆嘲笑这一例子。莱尔建议达尔文在第二版《物种起源》中删除这个例子。从第二版开始，达尔文仍旧保留了关于熊的部分，但只描述了它模仿鲸鱼的捕虫行为，不再写随着时间推移，它可以进化成鲸鱼。

威尔伯福斯的观点在科学界几乎没有影响力，欧文作为解剖学家的正当声誉也因他的骄傲自负和口是心非而受到损害；在评价达尔文著作方面，欧文绝不是一个诚实的仲裁者。他经常被描绘成一个反进化论者，但其实他接受进化论；他的主张是：进化比达尔文提出的理论要复杂得多。欧文从未真正致力于研究出一套替代进化论的理论，只留给我们一个相当困惑的理念：胚胎的相似性是因为其在某种程度上回到了源于上帝头脑的原型。他嫉妒达尔文的成功。他曾经在19世纪30年代与达尔文合作，为整理描述《小猎犬号考察中的动物志》中的哺乳动物化石做出了卓越的贡献，但这种关系已恶化变质。

在《物种起源》论述"论地质记录的不完整性"的章节中，欧文名列达尔文称之为"不可变论者"的一份相当奇怪的名单中。[9]古生物学的"不可变论者"中有1832年去世的解剖学家乔治·居维叶（Georges Cuvier）；第二名是欧文；第三名是瑞士裔美国人路易斯·阿加西斯；接下来是法国人约阿西姆·巴朗德（Joachim Barrande），然后是瑞士科学家弗朗索瓦·朱尔·皮克泰·德拉里夫（François Jules Pictet de la Rive），苏格兰人休·福尔克纳（Hugh Falconer），以及英国博物学家爱德华·福布斯。地质不可变论者有亚当·塞奇威克、罗德里克·英庇·默奇森（Roderick Impey Murchison）、查尔斯·莱尔。其中莱尔因为持怀疑态度而受到质疑，他不是一个彻头彻尾的"不可变论者"。尽管莱尔一直对达尔文的"自然选择"持怀疑态度，但他仍然是达尔文的忠实朋友和坚定支持者。达尔文为什么要拟定这样一份名单，原因仍然不明，但至少它表明了达尔文非常关注支持进化论的地质界和古生物界人士的表态。在随后的五个版本的名单中，达尔文增加了其他一些"不可变论者"，但只从中删除了一个人——欧文。

欧文收到达尔文的一本《物种起源》之后，在1859年11月曾写信给达尔文说，事实上他对物种的可变性持开放态度。因为欧文反对自己被列入"不可变论者"名单，达尔文就在后来的版本中删除了他的名字。在读了欧文的信之后不久，达尔文就写信给莱尔，说这位解剖学家披着"礼貌的外衣"，但最终他认为，欧文基本上同意自己的理论。[10]但是达尔文大错特错了，在1860年初的几个月后，欧文对达尔文及其理论的蛮横批评就出现在《爱丁堡评论》上。欧文的本质和情感已经暴露无遗。达尔文为什么没有重新将他列入"不可变论者"名单中，原因尚不清楚。

欧文和威尔伯福斯对达尔文理论的反对意见，仅是众多"不能指出具体问题"的批评意见中的一小部分。他们之所以反对整个理论，是因为这种理论似乎取代上帝作为宇宙及其生物创造者的地位。然而，就欧文而言，因没有率先想到这个概念而心生嫉妒，显然为他的反对提供了一定动力。除了这些泛泛的否定之外，还有三个更深入的问题由更敏锐的批评者提出，并且终生困扰着达尔文。第一个质疑涉及地球的年龄和化石记录的质量问题。第二个问题是，考虑到当时已知的遗传学知识，自然选择如何发挥作用。第三，批评家询问如何通过自然选择的渐进过程，演化出像眼睛或翅膀这样复杂的器官。达尔文对最后一个问题做出了令人满意的答复，但前两个问题，在达尔文去世20多年后，才因为科学知识的进步而解决。

第一个问题直到20世纪才得到回答，这时地质年代学的放射性同位素和古地磁学技术的应用，让我们认识到地质时间，并给我们提供了一种精确测量地球年龄至少为45亿年的方法。需要明确的是，不仅达尔文，众多学者都在努力解决化石及其所处岩石的年代问题。达尔文因为急于寻到一个答案，所以在这个问题上犯了严重错误，就像20年前他对格伦谷平行山路的地质学误解一样。

尽管《星期六评论》对达尔文的理论做出了一些正面的评价，但也对达尔文如何试图确定地质时间的流逝做出了长篇批评。原来，达尔文为了证明地球非常古老，做出了一个轻率的估计，认为英格兰东南部的威尔德地区需经过3亿年的侵蚀才能形成。[11]因此，达尔文认为，地球一定要古老得多。威尔德包括一个以北丘和南丘为界的中央洼地。著名的面向英吉利海峡的多佛白崖是南丘的一部分。有人在《星期六评论》上匿名批评了达尔文的估计，其人可能是牛津地质学家约翰·菲利普斯（John Phillips）。这位批评家认为，达尔文对威尔德侵蚀时间的估计夸大了许多，这一批评得到了大多数人的赞同。侵蚀形成的威尔德地区地貌所需的实际时间远小于达尔文计算的时间。如今我们知道，其中一些黏土沉积物的沉积时间甚至不足1.3亿年。达尔文接受了批评家的建议，从1861年第三版以后的所有《物种起源》版本中删除了对威尔德侵蚀时间的计算。他认为自己需要论证地球非常古老，可以让非常缓慢的自然选择过程作用于生物体，以实现进化；但威尔德地区的地貌无法证实这一点。时间——特别是在一个非常古老的地球上——对进化论来说至关重要，但直到20世纪，所有试图估计地球年龄的人才得到了一个更准确的答案。

18世纪的苏格兰地质学家詹姆斯·赫顿认为，地球无始无终，永恒存在。莱尔支持赫顿的理念。尽管大多数人不同意赫顿和莱尔倡导的"永恒地球"概念，但地球年代久远的想法逐渐得到了人们认可，即使一时还不能得到证明，而这成为达尔文物竞天择进化论的关键一环。很快，出现了比错估威尔德侵蚀时间更严厉的批评，有人提出了对古老地球更有力的否定。这位评论家不是地质学家，而是生于贝尔法斯特的物理学家威廉·汤姆森（William Thomson），他因其科学成就和阻止爱尔兰自治运动而被授予"开尔文勋爵"爵位。

达尔文1859年版《物种起源》问世三年后，即1861年第三版出版一年后，汤姆森于1862年发表文章。他认为，"太阳照耀地球可能不超过1亿年，而且几乎可以肯定不超过5亿年"，因此地球不可能比这个年代更古老。[12]汤姆森更真实的目的是向地质学家们（特别是向莱尔，以及达尔文）展示他们的错误。汤姆森直接抨击了达尔文对威尔德侵蚀时间为3亿年的估计，尽管达尔文在1861年（即汤姆森发表文章的前一年）的第三版《物种起源》中已经放弃了这个例子。在1866年出版的《物种起源》第四版中，达尔文仍没有回应汤姆森已经广泛流传的认为"地球历史短暂"的观点。到1869年第五版时，达尔文终于认为有必要做出回应。他似乎打算通过讨论"思考漫长时间的困难"来进行妥协。"深时"（deep time）① 给所有人留下了一个关键问题。

碰巧，在命运的一次曲折中，达尔文的次子（第五个孩子）乔治充当了汤姆森和自己父亲关于地球年龄之争的调解人。尽管乔治在剑桥大学期间主修法律，甚至已经取得律师资格，但他还是重返科学界，在地球物理学和天文学领域成为了不起的人物。他年轻时曾与汤姆森一起研究潮汐和地球的组成，然后担任剑桥大学天文学教授，科研生涯辉煌；1884年与美国人玛莎·杜普伊（Martha du Puy）结婚，育有5个子女。他最大的孩子格温·拉弗拉出生的3年前，达尔文就已去

---

① 地质学术语，指地球历史上漫长的时间尺度。

世,所以从未见过这些孙子孙女。乔治从未做到让父亲信服汤姆森的观点,但他确实表示,地球年龄可能短于父亲认为的自然选择运作所需的时间。

此外,还有化石记录残缺不全带来的问题,但与估计地质时间的谜题不同,化石记录随着科学界的研究推进,变得越来越完善了,为解决这个特别棘手的问题提供了一线希望。令人疑惑的是,达尔文没有抓住机会去研究一个无论在当时还是现在都具有重要意义的化石——始祖鸟(Archaeopteryx)。这是表明化石物种具有连接两个主要类群的特征的一个极好例子,达尔文将其错拼为"Archeopteryx",始祖鸟化石具有连接爬行类和鸟类的特征。如今,人们普遍认为鸟类与兽脚亚目恐龙都属于爬行动物,但直到20世纪60年代,这一观点才发表出来;赫胥黎曾在1868年预见性地提出了这一观点,但当时几乎无人认可。

1861年,人们根据德国南部索伦霍芬石灰岩中发现的一个羽毛化石,首次描述了始祖鸟,该化石可以追溯到约1.5亿年前的晚侏罗世。后来挖掘出一个几乎完整的化石,起初被错认为缺少头骨,并以700英镑(相当于今天的86000英镑)的价格卖给了大英博物馆。后来至少又挖掘出11个被归类为始祖鸟的化石。1863年,理查德·欧文大张旗鼓地描述了这个伦敦的化石。[13]该化石显示出非鸟类恐龙和鸟类之间的许多过渡特征,但鉴于欧文不公开支持进化论,所以他当然不会强调其过渡性质,只会强调其年代久远。1866年,查尔斯·达尔文在《物种起源》第四版中提到了始祖鸟。令人惊讶的是,达尔文也没有强调其过渡性质；而是把它作为一个"生物类群远早于人们先前认知、在化石记录中突然出现"的例子，始祖鸟化石将鸟类出现的时间从始新世提早到了晚侏罗世。其他人，如德国古生物学家弗里德里希·罗勒（Friedrich Rolle），反而更热情地讨论了始祖鸟的过渡性质对于达尔文理论的意义。罗勒在1867年出版的《侏罗纪时期的始祖鸟或原始鸟》（*Archaeopteryx oder Urvogel der Jura-Zeit*）一书的后记中表示，始祖鸟弥合了达尔文理论所预测的进化鸿沟。他指出，始祖鸟的羽毛和足像现代鸟类，而尾巴则像蜥蜴。不知出于什么原因，达尔文从未强调过这种过渡性质。

尽管达尔文没有充分利用始祖鸟来支持他的理论，但在1866年的第四版《物种起源》中，他赞扬了"埃宗"（Eozoön）的发现，"埃宗"被鉴定为微型的"加拿大黎明动物"，且被认为是生活在海洋中的巨大单细胞浮游动物——有孔虫。1864年英国科学促进会会议上对其进行了描述。[14] 其之所以被称为"加拿大黎明动物"，是因为它出自加拿大魁北克省一些已知的最古老的岩石，我们今天认为这些岩石在寒武纪之前就存在了。达尔文将其宣传为"始新世动物的伟大发现……是一个了不起的化石，其有机性质不容置疑"；他谈到它的年代非常古老，比迄今为止发现的任何其他化石都要古老得多。[15] 在随后的几年里，人们质疑了"埃宗"的有机性质，以至于到1872年《物种起源》第六版第一次印刷时，达尔文只评论道："埃宗在加拿大劳伦系（Laurentian）岩层中的存在被人们广泛承认。"[16] 到19世纪末，地质学家们证实沉积层年代久远，但"黎明动物"被证明是变质岩中的假化石。达尔文和其他人一样,急于证明地球的古老,所以很快接受了"黎明动物"的有效性,但是他没有充分利用始祖鸟,这本会对他的过渡形态论证提供实质性的支持。

进化论的第二个看似无法解决的问题是,生物的性状是如何代代相传的。达尔文一度计划在他的"大书"中探讨这个问题,并认为自己已经找到了答案;但"大书"短时间内出版无望,而他在1859年的《物种起源》第一版中几乎没有提供任何细节。在19世纪,人们认为父母的性状在后代身上混合。此论看似有理,因为后代通常具有父母双方的性状组合,尽管可能出现与父母双方皆不同的无法解释的性状,即所谓的"变异"(这些性状可能与祖父母的性状相似)。自然选择可能会促进具有这种独特新性状的个体的生存和成功繁殖,但爱丁堡大学教授弗莱明·詹金(Fleeming Jenkin)1867年发表在《北英评论》(*North British Review*)上的对1859年第一版《物种起源》的评论,明确地提出了一个大问题。[17] 詹金指出,即使出现了突变,它们最终也会被混合遗传埋没,也就是说这些性状将是父母性状的一种平均,几代人之后,这些突变特性就会消失。由于混合遗传,自然选择无法在长期的地质时间中发挥作用。事实证明,詹金的一些数学计算是错误的,但他关于掩盖效应的总体论证仍然成立,这重创了达尔文的混合遗传理论。

达尔文关于自然选择运作方式的观点是正确的,但他不知道的是,自然选择需要颗粒遗传而不是混合遗传。通过颗粒遗传,性状将作为分散的信息片段传递,自然选择可以在个体中发挥作用,而不是像詹金说的那样"被掩盖和消失"。事实上,颗粒遗传模式早在 1866 年，即詹金发表评论的两年前，就已经被格雷戈尔·孟德尔（Gregor Mendel）报告过，可惜包括达尔文和詹金在内的大多数科学界人士都对孟德尔的研究一无所知。[18] 一个都市传说流传至今，称达尔文收到了孟德尔论文的 40 份重印本之一，但达尔文的档案中没有任何证据支持这种说法。即使达尔文知道孟德尔的工作，他可能也不会将其与自己的研究联系起来。为什么孟德尔在 1862 年参加伦敦工业展览会时没有拜访达尔文？毕竟，唐恩村距离伦敦只有大约 30 公里。首先，孟德尔可能从未想过要拜访达尔文这样一位几乎与他没有共同点的著名科学家。其次，当时达尔文一家正在照顾患有猩红热的儿子伦纳德，无暇接待客人。到 20 世纪初，即达尔文去世近 20 年后，根据几位植物学家独立地重新发现，孟德尔的研究即颗粒遗传理论被证明是正确的。此外，直到 20 世纪 30 年代，种群遗传学家和博物学家才将达尔文的自然选择与孟德尔的颗粒遗传结合起来，以表明两者共同构成了进化的一些主要驱动力量。

达尔文确实在《物种起源》的后续版本中令人满意地回答了针对其理论的第三个反对意见：眼睛、翅膀等复杂器官是如何通过自然选择的渐进过程进化的？从《物种起源》第一版开始，达尔文就认为进化过程必须是渐进的；他在书中使用了 8 次著名的拉丁语箴言：*natura non-facet saltum*（大自然不会跳跃）。这个问题的提出者是圣乔治·杰克逊·米瓦特（St George Jackson Mivart）。米瓦特是一个矛盾的人，一直在与自己的问题和环境强加给他的问题做斗争。尽管他成长于福音派基督教家庭，但在年轻时转信罗马天主教。这使他无法在坚定信奉英国国教的牛津、剑桥等机构继续深造。尽管米瓦特在1851年获得了律师资格，但他将兴趣转向了生物科学。他的朋友赫胥黎激发了他对生物科学的兴趣，向他介绍了达尔文进化论的新思想。米瓦特起初是一个真正的追随者，他于19世纪60年代发表了一些论文，研究了灵长类动物的部分骨骼，并将其应用于论证该群体的进化，创造了一些最早的受达尔文研究启发的进化树。[19]达尔文的理论在系统发育学，或者说物种类缘关系上的应用是极富创新性的，米瓦特和其他年轻科学家一样，欣然接受"科学的前景应该在于追求揭示物种间的亲缘关系，而不是简单地进行枯燥的物种描述"。

然而，米瓦特很快就开始反对达尔文的理论，部分原因是他信仰的天主教拒绝进化论，另一部分原因是像赫胥黎这样的著名人士强烈反对天主教，而米瓦特起初很钦佩赫胥黎并视其为导师。米瓦特在专业和个人方面都对达尔文产生了影响。在专业方面，米瓦特于1871年出版了《论物种的起源》，试图用某种"内在力量或倾向"取代达尔文的自然选择。[20]然而，如果米瓦特认为这种目的论的论证更符合他的天主教信仰，那他就大错特错了。天主教会并不认可他，也不会宽恕他对地狱本质的宽容看法，这就让他在天主教和进化圈两边都受排挤。尽管如此，达尔文还是认真对待米瓦特的主张，即长期自然选择无法产生复杂的器官，如眼睛、翅膀或肺。（半个器官怎么可能发挥作用呢？）从1872年的第六版开始，达尔文表明，就眼睛而言，在现存动物中，可以发现从简单光敏器官到复杂透镜结构的任何阶段。利用这些现代例子,他表明,自然选择其实可以通过许多小步骤来产生一个复杂器官,其间各物种都能很好地适应其环境。在这个例子中,达尔文有效地回应了评论家,很大程度上让他们噤声了。[21]

达尔文当然不会对抨击者放任不管,而他对米瓦特更是轻蔑有加。米瓦特在《季度评论》上对《人类的由来及性选择》发表了一篇相当恶毒的评论,在其中篡改了达尔文的观点、断章取义,达尔文认为这篇评论"极不公正"。[22] 作为一种报复,达尔文安排并出资在英国转载了一篇对米瓦特的《论物种的起源》的严厉评论,该评论由达尔文的支持者和通信人昌西·赖特(Chauncey Wright)在美国首次发表。

然而,真正让达尔文及其追随者感到恼火的,是米瓦特对达尔文的儿子乔治的人身攻击。乔治在 1873 年发表了一篇文章,在其中主张在虐待、暴力、精神障碍的情况下,放宽对离婚的限制。米瓦特情绪激动,将乔治的立场歪曲为主张性犯罪和放荡。达尔文及其同行,尤其是和米瓦特翻脸的朋友赫胥黎,对米瓦特进行了猛烈抨击,几乎将他排斥在主要科学界之外。

乔治不仅撰写了关于放宽离婚限制的文章,1870 年,他开始研究近亲结婚子女的健康状况。这在一定程度上是应达尔文的强烈要求,达尔文一直担心自己和表姐艾玛的结合,尤其是在他们 10 个孩子中有 3 个夭折的情况下。当时在英国,对于近亲结婚是否损害后代健康存在相当大的争论。达尔文还因比旁人更懂生物学知识而更加担心。他开始研究植物异花授粉和自花授粉的影响,这为他提供了关于近亲繁殖后果的信息。乔治统计了精神病院中近亲结婚子女的情况,将其与普通人群中近亲结婚的普遍性进行了比较。他于 1875 年发表了自己的研究，发现表亲间婚配的弊病往往被夸大，其在生活条件优渥的情况下并不显著，这让他的父亲感到了一些宽慰。

对达尔文及其家庭成员的批评已经对他们造成了伤害。1871 年，大约在米瓦特的贬低性著作出现的时候，达尔文在给华莱士的一封信中，就表达了很严重的焦虑，他称自己患有疾病，病因是感受到对自己的研究声势浩大、旷日持久的批评。他说，目前他对一切都感到厌烦。除非他能用其他方式打发时间，忘记每天的痛苦，否则他将永远不会再发表一句话。他在这封信后面承认，他可能会振作起来，因为他刚刚从一次使自己虚弱的发病中恢复过来。但他的焦虑似乎从未停止，因为在这篇通信中，达尔文谈到汤姆森关于"地球历史颇短"的论证给他带来了巨大痛苦，表示这就像"一个可憎的幽灵"一样跟随着他。[23]

达尔文坚持了下来，在 1859 年至 1876 年这几年里，他在《物种起源》的六个修订版本中，大幅删减了对威尔德侵蚀等问题的描述，增加了其他章节，以回应各种评论家的质疑，最终增加了一个新章节，全书增加了 4 万多个单词。达尔文前无古人地使大多数科学家和广大普通人在心中接受了进化是一种事实。他最大的挫败感是，随着时间的推移，他宝贵的进化机制——自然选择——并没有被越来越广泛地接受，而是逐渐退居幕后。自然选择理论从诞生到 20 世纪，命运起伏而坎坷。

当然，批评家继续高谈阔论，抨击自然选择的有效性，即使他最坚定的支持者和同行，如格雷、胡克、莱尔、赫胥黎，也持怀疑态度。就连达尔文的共同发现者华莱士，也开始质疑自然选择应用于人类的重要性、基本性和普遍性。不过，尽管这些人对一些具体问题有疑虑，但仍全心全意地支持达尔文的研究。科学领域的任何突破性进展，都少不了朋友们的支持和鼓励。

尽管达尔文致格雷的一封信被收录在1858年达尔文-华莱士向世界公布理论的联合论文中，但格雷其实仍然持保留意见。格雷是达尔文的朋友、同行，也是达尔文的坚定支持者，但两人对上帝在创造中的作用持有完全不同的看法。格雷认为上帝之手通过自然选择最终控制进化，而达尔文认为在这个过程中不需要上帝——这是一个朋友之间需要调和不同意见的经典例子。这种基于有神论的进化理论的某些版本在今天仍然存在，供需要调和进化与信仰的人使用。

接下来，达尔文最亲密的朋友和长期支持者之一胡克，开始强调个体间变异的重要性，而不是作用于特定动植物物种的自然选择的重要性。尽管达尔文将变异视为供自然选择发挥作用的重要原材料，但胡克认为变异本身就是进化的驱动力，甚至将自然选择称为他自己的变异理论。

达尔文在圈子里最老的朋友莱尔，在催促达尔文尽快发表的同时，一直对自然选择的真实性保持沉默，部分是出于宗教原因，部分是出于科学原因。达尔文长期以来，一直试图改变这位老朋友对自然选择真实性的看法；他非常期待莱尔的《人类古老性的地质证据》(*Geological Evidences of the Antiquity of Man*)于1863年的出版，因为他希望这本书最终能明确地将这位老导师置于自己的支持者阵营中。事情并没有像这样发展，在这本书中莱尔对自然选择仍旧保持中立姿态，因为他仍认为上帝在这个过程中发挥了作用。莱尔的名著《地质学原理》1866 至 1868 年出到第十版的时候,才最大程度上接受了自然选择。

达尔文最直言不讳、最好斗的支持者是赫胥黎,从与威尔伯福斯的智力斗争中就可见赫胥黎的厉害。赫胥黎对自然选择的第一反应是:自己没有想到这个主意,真是太蠢了。他在 1869 年创造了"不可知论者"一词,如今这是一个通常在神学上用于判断上帝是否存在的术语。然而,赫胥黎表述的意思要宽泛得多。对他来说,不可知论者指尽可能地利用手头的证据,但不会做出任何超出可证明范围的声明的人。对他来说,自然选择是理解进化如何运作的一个良好开端,但仍然只是几个假说之一。

达尔文的自然选择理论的共同发现者华莱士呢?尽管华莱士显然支持两人各自努力的成果,但他也表达了自己的担忧:"选择"一词的使用,意味着大自然在以某种方式进行选择,就像农民可能会选择一种有利的性状进行育种。华莱士更喜欢赫伯特·斯宾塞的短语"适者生存",[24] 而达尔文也错误地将这个词视为该机制的一个等效的定义。随着时间的推移,两位共同发现者在"自然选择"的普遍性上出现了分歧。达尔文坚持认为"自然选择"适用于动物和人类,而华莱士开始主张,它无法解释人类的许多表现,尤其是人类意识的出现。当达尔文看到华莱士为进化(特别是人类的进化)设定某种预定目标和方向的目的论观点时,他感到相当绝望。

在这一时期,华莱士还开始信奉招魂术,相信人类可以接触亡灵。英国知识分子中有此信念者远非华莱士一人,查尔斯·狄更斯(Charles Dickens)、阿瑟·柯南·道尔(Arthur

Conan Doyle)等人也曾受惑于这类被一再揭穿的骗术。有人可能会说，达尔文也被这些江湖骗子所吸引，因为他接受了格利医生的"水疗"等可疑疗法，但达尔文的儿子弗朗西斯声明，他的父亲厌恶格利医生的顺势疗法和招魂术。达尔文和华莱士的立场差异，在美国术士亨利·斯莱德（Henry Slade）诉讼案中表现得很明显。1876年10月，斯莱德在伦敦施法降灵，称降灵板上会由亡灵写上文字，却被人发现降灵开始之前"降灵板"上就已经有了文字。华莱士为斯莱德做证，并为他的辩护捐赠了10英镑；而达尔文则捐赠了10英镑支持起诉斯莱德。

最后，我们来看一看达尔文的剑桥导师约翰·史蒂文斯·亨斯洛的反应。在达尔文从业余博物学爱好者转变成真正的科学博物学家的飞跃中，亨斯洛厥功至伟，比任何人都重要。出版商曾寄赠给亨斯洛一本达尔文的《物种起源》。起初在公开场合，他的反应是平淡的。直到1861年初，在亨利·福西特（Henry Fawcett）对达尔文的评论中，他的名字被列入由赫胥黎、胡克、莱尔组成的达尔文支持者小组中；这时亨斯洛反驳道，尽管达尔文的结论"肯定是朝着正确的方向迈出的一步"，而且他"非常尊重他的朋友的意见"，但他不能"在没有看到更有力的证据的情况下，同意达尔文的推测"。[25]

在这部颠覆性的科学和社会巨著出版的前后几年里，达尔文的健康状态起伏不定。他的通信往来，尤其是他收到的信件大幅增加。幸运的是，他开始保留而不是丢弃其中的许多信件。与此同时，他减少了公开露面，部分原因是他发现任何关于他的进化理论研究的大场面都令自己非常不安。他现在开始在研究和出版这两条轨道上前进——一条是筹备和更新他的"大书",以支持他已经出版的物竞天择进化论的"摘要"《物种起源》;另一条是广泛探索植物学主题。乍一看,两者似乎是不同的领域,但所有工作都是为了证明他的进化思想的普遍性。

## 注　释

1　匿名,《查尔斯·达尔文论物种起源》(*Charles Darwin on the Origin of Species*),载《钱伯斯文学科学艺术杂志》(*Chambers's Journal of Popular Literature, Science and Arts*),1859年第11期,第388—391页。

2　匿名,《物种起源(评论)》[*(Review of) On the Origin of Species*],载《星期六评论》,1859年第8期,第775—776页。

3　匿名,《物种起源评论》(*Review of the Origin of Species*),载《约翰牛和不列颠》,1859年第39期,第11页。

4　查尔斯·达尔文1861年6月5日写给阿萨·格雷的信,载《查尔斯·达尔文书信集第9卷:1861年》(*The Correspondence of Charles Darwin,Vol.IX:1861*, Cambridge, 1994),F. 伯克哈特等编,第163页。

5　查尔斯·达尔文1863年1月19日写给阿萨·格雷的信,载《查尔斯·达尔文书信集第11卷:1863年》(*The Correspondence of Charles Darwin, Vol. XI: 1863*, Cambridge, 1991),F. 伯克哈特等编,第57页。阿萨·格雷1865年7月24日写给查尔斯·达尔文的信,载《查尔斯·达尔文书信集第13卷:1865年》,第208页。

6　查尔斯·金斯利,《水孩子:对陆地婴儿讲的童话》,第153页。

7　理查德·欧文,《起源与其他著作评论》(*Review of Origin & Other Works*),载《爱丁堡评论》,1860年第111期,第487—532页;塞

缪尔·威尔伯福斯,《论通过自然选择的物种起源,或在生存斗争中受惠种类的保存(评论)》[*(Review of) On the Origin of Species, by Means of Natural Selection; or the Preservation of Favoured Races in the Struggle for Life*],载《季度评论》,1860年第108卷,第225—264页。

8　查尔斯·达尔文,《论通过自然选择的物种起源,或在生存斗争中受惠种类的保存》,第1版,第184页。

9　同上书,第310页。

10　查尔斯·达尔文1859年12月10日写给查尔斯·莱尔的信,载《查尔斯·达尔文书信集第7卷:1858—1859》,第421—424页。

11　匿名,《物种起源(评论)》,载《星期六评论》,1859年第8期,第775—776页。

12　威廉·汤姆森,《论地球的长期冷却》(*On the Secular Cooling of the Earth*),载《爱丁堡皇家学会汇刊》(*Transactions of the Royal Society of Edinburgh*),1862年第23卷,第167—169页。

13　理查德·欧文,《论冯·迈尔的始祖鸟》(*On the Archeopteryx of von Mayer*),附《一种长尾物种的化石遗迹描述》(*Description of the Fossil Remains of a Long tailed species*),摘自《索伦霍芬石版》(*Lithographic Stone of Solenhofen*),载《伦敦皇家学会哲学汇刊》(*Philosophical Transactions of the Royal Society of London*),1863年第153卷,第33—47页。

14　约翰·威廉·道森(John William Dawson),《关于加拿大劳伦斯石灰岩中某些有机遗迹的结构》(*On the Structure of Certain Organic Remains in the Laurentian Limestones of Canada*),载《地质学会季刊》(*Quarterly Journal of the Geological Society*),1864年第21卷,第51—59页。

15　查尔斯·达尔文,《论通过自然选择的物种起源,或在生存斗争中受惠种类的保存》,1866年第4版,第371页。

16　查尔斯·达尔文,《论通过自然选择的物种起源,或在生存斗争中受惠种类的保存》，1872 年第 6 版，第 287 页。

17  弗莱明·詹金,《物种起源（评论）》[(Review of) The Origin of Species]，载《北英评论》，1867 年 6 月第 46 卷，第 277—318 页。

18  格雷戈尔·孟德尔,《植物杂交的实验》(Versuche über Pflanzen-hybriden)，载《布鲁恩自然史学会杂志》(Verhandlungen des naturforschenden Vereines in Brünn)，1866 年第 4 卷，第 3—47 页。

19  圣乔治·杰克逊·米瓦特,《更完整地了解灵长类动物中轴骨骼的贡献》(Contributions towards a More Complete Knowledge of the Axial Skeleton in the Primates)，载《伦敦动物学会学报》，1865 第 33 卷，第 545—592 页；《论灵长类动物的附肢骨骼》(On the Appendicular Skeleton of the Primates)，载《伦敦皇家学会哲学汇刊》，1867 年第 157 卷，第 294—429 页。

20  圣乔治·杰克逊·米瓦特,《论物种的起源》(On the Genesis of Species, London, 1871)。

21  查尔斯·达尔文,《物种起源》，第 6 版，第 151—152 页。

22  圣乔治·杰克逊·米瓦特,《(评论)人类的由来及性选择》[(Review of) The Descent of Man, and Selection in Relation to Sex]，载《季度评论》，1871 年 7 月 133 卷，第 47—90 页。

23  查尔斯·达尔文 1871 年 7 月 12 日写给阿尔弗雷德·华莱士的信，载《查尔斯·达尔文书信集第 19 卷：1871 年》(The Correspondence of Charles Darwin, Vol.XIX:1871, Cambridge, 2012)，F. 伯克哈特等编，第 485—486 页。

24  赫伯特·斯宾塞,《生物学原理第 1 卷》(The Principles of Biology, Vol.I, London, 1864)，第 290 页。

25  亨利·福西特,《达尔文先生关于物种起源的通俗论述》(A Popular Exposition of Mr Darwin on the Origin of Species)，载《麦克米伦杂志》，1860 年 12 月第 3 卷，第 81 页；约翰·史蒂文斯·亨斯洛,《亨斯洛教授的来信》(Letter from Professor Henslow)，载《麦克米伦杂志》，1861 年 1 月第 3 卷，第 336 页。

## 第九章

# 让"大书"开花结果

1862年，达尔文在伦敦林奈学会发表了一次演讲，当时他参加的科学会议越来越少，难得出席一次。达尔文在演讲中阐述：被误列为三个不同属的兰科植物，其实是龙须兰属（Catasetum）一物种的雄性、雌性和雌雄同体形式。[1] 这次演讲是对他第一本植物学主题著作的摘录和宣传。该书研究了兰花，更确切地说是研究了兰花的授粉。它有着典型的维多利亚式长书名：《论英国和外国的兰花借助昆虫传粉的技巧》(*On the Various Contrivances by Which British and Foreign Orchids are Fertilised by Insects*，以下简称《兰花》)，由约翰·默里出版社于演讲后一个月出版。

达尔文本人也将很快以新面貌出现。同年春天，艾玛建议达尔文通过蓄须来应对他严重的面部湿疹，蓄须的原因并非像有些报道所说是故意伪装自己。他最终留了浓密的长胡子，这成了大多数人看到的达尔文经典形象。这时他已很少出席科学集会，以至于1866年他在伦敦参加皇家学会的晚会时，许多人都因为他留了浓密胡须而认不出他。尽管说他"为了伪装而

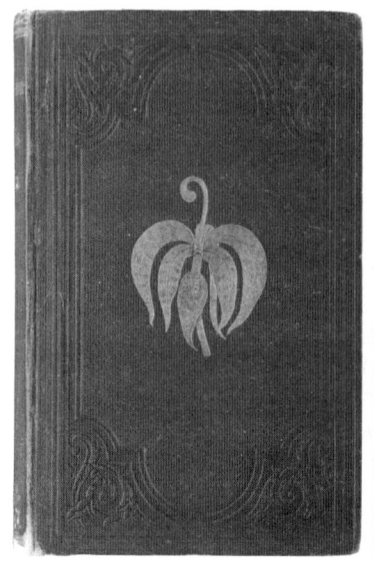

《论英国和外国的兰花借助昆虫传粉的技巧》封面上的兰花设计,以及1867年的一幅推测性插图,一种当时未知的飞蛾为马达加斯加兰花大彗星风兰授粉

蓄须"是谣传,但他的大胡子确实很好地发挥了这个作用。达尔文的好友约瑟夫·胡克在皇家学会聚会后不久给他的一封信中说,达尔文的脸是一个"惊人的幻觉,……我连续梦见了两个晚上"。[2]

与3年前的《物种起源》相比,他的《兰花》更加轰动,尽管此书一开始并不畅销。争议会让图书大卖,而这本书并不具有争议性,不过毕竟兰花当时深受英国人喜爱,所以人们对这本书的兴趣越来越浓厚。一些读者发现兰花本身的美丽和达尔文的论述证明了上帝的伟大,但也正是这些读者忽略了"该著作为达尔文的自然选择的有效性提供了新证据"。达尔文生前在约翰·默里出版社出版了很多书,《兰花》的第一版在装帧上独具一格,封面用深红褐色布装订,配有一朵金色兰花,但只此一版。约翰·默里出版社对《兰花》后续版本和达尔文所有的其他著作,都选择了墨绿色封面。大多数植物学家对此书赞赏有加,美国植物学家阿萨·格雷写信告诉达尔文,如果他的《兰花》"在《物种起源》之前出版,他就会被自然神学家奉为圣人,而不是被他们诅咒"。[3]

达尔文在这本书中,提出了生物学史上最有趣、最精确的预言之一。兰花被称为蜜腺的花蜜分泌结构,长度与授粉昆虫口器的长度非常吻合。达尔文测量了一种马达加斯加兰花的蜜腺花距长度,发现它惊人地长达29厘米。鉴于自然选择令昆虫与植物双方合作的重要性,达尔文意识到:一定有一种未被发现的昆虫,其口器与这种蜜腺的花距一样长。从第八代阿盖尔公爵乔治·坎贝尔(George Campbell)对这本书的评论中,可以看出他误认为这种对结构相关性的预测表明造物主有某种隐含目的。[4]1903年,人们在马达加斯加发现了一种长喙天蛾,多年以后,拍到它以兰花为食并为其授粉的照片,这是一个通过自然选择(而非神意)互相适应的过程。在某些情况下,进化可能是一门预测性科学,在这个精妙的例子中,证据在达尔文去世很久以后方才出现。

在共同适应的这些情况中,进化随时间推移而反复作用,产生两个或两个以上在解剖学、功能、行为上往往紧密协调的物种,自然选择的作用非常明显和普遍。达尔文意识到自然选择与其产生的适应和共同适应之间的重要相关性,这增加了个体生存的机会,进而增加了物种生存的机会。达尔文认为,适应的概念是其理论的核心,以至于他在《物种起源》第一版中使用这个词超过 100 次,到第六版出版时超过 150 次。他甚至在《兰花》中也用了 64 次"适应"一词或其变体。达尔文认识到,当近缘物种从一个共祖进化而来时,每个物种在进化过程中都会适应自己地区的生活条件,新物种会取代和灭绝它们的祖先种,以及过去和现在状态之间的所有过渡类型。我们现在不认同达尔文的前提(即后代物种淘汰其祖先物种),但达尔文正朝着正确的方向前进。灭绝是通过竞争发生的,通常是与同一物种或近缘物种的成员竞争,或是由于或急或缓的环境压力而灭绝。

我们现在认识到,达尔文注重的适应,有一个直接的结果,即适应性辐射。达尔文没有使用这个术语,但是他认识到,一个祖先物种会快速演化成在形态和行为上有不同程度差异的多个新物种。当一种环境条件(如加拉帕戈斯群岛)向来自不同环境的祖先物种提供新的机遇或挑战时,就可能发生这种情况。其中一个例子是现在所称的唐纳雀类:几百万年前,唐纳雀的祖先物种到达了加拉帕戈斯群岛,并且辐射进化为多达 13 个物种,每一物种都表现出各种环境适应性状。

在首次大胆进攻植物学之后,达尔文全力以赴地编写他的"大书",在短短 4 年内出版了总共 5 卷的 3 部著作。1868 年,《动物和植物在家养下的变异》出版问世,分为两卷。在这部著作中,达尔文处理了在驯化的动植物中发现的变异问题,并介绍了自己的遗传理论。1865 年,他写信给赫胥黎,请他阅读一份有关遗传学的手稿,他称之为泛生论。赫胥黎并不十分赞同这一理论,因为他认为达尔文的理念可以追溯到 19 世纪早期法国进化论者的主张。尽管赫胥黎无法为达尔文的观点提供太多支持,但他仍然戏谑地回应道:"半个世纪后,有人在你的论文中翻找,会发现泛生论,并说'看一看这个对我们现代理论的奇妙预测——是那个蠢货赫胥黎,阻止了他发表这些理论'。"[5] 达尔文有理由担心,这部冗长著作不会被广泛阅读或欣赏。他把书寄给了英国的同行,尤其是自己的好友和知己胡克,以及美国的格雷和德国博物学家弗里茨·米勒(Fritz Müller),同时附有一些自嘲的信件。达尔文想为自己的遗传学理论辩护,但他心里明白这一理论在博物学家中恐怕很难受到欢迎。起初,他确实得到了荷兰植物学家雨果·德弗里斯(Hugo de Vries)和德国进化生物学家奥古斯特·魏斯曼(August Weismann)等科学家的支持。

达尔文的泛生论认为,动物的器官会产生微小的颗粒,他将其命名为"泛子"(又译为"微芽")。这些物质会在动物体内循环,最终进入生殖系统。这些泛子可能会休眠几代,导致性状的混合遗传,或者以拉马克主张的方式受到环境的影响。在繁殖过程中,父母的泛子混合在一起,在下一代的个体中形成必要的器官。起初,达尔文思想的支持者,如 19 世纪末的科学家德弗里斯、魏斯曼,意识到这种混合方式的不可能,特别是在孟德尔实验被重新发现之后(这些实验表明变异是以离散或微粒信息包的形式遗传的)。达尔文在各种通信中,逐渐接近我们所认知的离散的或颗粒信息包形式的性状遗传,但这些努力都付之东流,无果而终,被他的泛生论所掩盖。[6] 达尔文的泛生论中唯一留存下来的是"pangene"这个名词,它如今被截短为术语"gene"(基因),沿用至今。

继年初出版《动物和植物在家养下的变异》之后,1868年夏天达尔文一家在怀特岛的弗雷什沃特租了一栋小房子,住了两个月。这栋房子的主人是朱莉娅·玛格丽特·卡梅伦(Julia Margaret Cameron),她因拍摄维多利亚时代的社会名流以及神话、《圣经》、文学作品中的人物而闻名。她的柔焦特写技巧既深受赞扬又饱受批评。在短短12年的职业生涯中,她拍摄了大约900张照片。达尔文一家在怀特岛时,卡梅伦为达尔文拍摄了一张著名的照片,也为达尔文的兄弟拉斯、儿子霍勒斯拍了照片。她不愿给艾玛·达尔文摄影,因为她认为女性在18—70岁之间不宜拍照。艾玛曾说道,有一次拜访卡梅伦时,达尔文一家和约瑟夫·胡克遇到了桂冠诗人阿尔弗雷德·丁尼生(Alfred Tennyson)爵士,后者在怀特岛买了一套房子。那年夏天,在另一个场合,达尔文还拜访了丁尼生居住的法灵福德庄园。丁尼生的夫人埃米莉·塞尔伍德(Emily Sellwood)注意到,她的丈夫对达尔文说,他的理论并不反对基督教,达尔文回答说,当然不反对。尽管丁尼生是一位受人尊敬的诗人,但来自达尔文的女儿亨丽埃塔的消息表明,丁尼生并没有吸引达尔文一家,也没有引起达尔文一家的兴趣。[7]

相比之下,达尔文家非常尊重英国著名小说家乔治·艾略特(George Eliot)。晚上在唐恩庄园,达尔文家的人会大声朗读她和其他流行作家的小说。达尔文在各种信件中表示，一家人尤其喜欢阅读艾略特的《亚当·比德》(Adam Bede)、《弗洛斯河上的磨坊》(The Mill on the Floss)、《织工马南》(Silas Marner)，可能还有其他著作。1868年，达尔文在伦敦与乔治·艾略特和乔治·亨利·刘易斯（George Henry Lewes）在他们的家中会面。艾略特和刘易斯未婚同居，这在维多利亚时代的英国是一种丑闻。1873年，达尔文夫妇在伦敦波特兰广场租了一所房子，3月和4月的部分时间在此居住，这为更多家庭成员能够拜访艾略特和刘易斯提供了机会。达尔文给艾略特写信，恳切地询问他和艾玛以及大女儿亨丽埃塔［已嫁给理查德·巴克利·利奇菲尔德（Richard Buckley Litchfield）］能否在周日晚上拜访她和刘易斯。[8] 艾略特同意了，达尔文夫妇和利奇菲尔德夫妇去了艾略特家。思想开明的达尔文家成员，似乎并不介意艾略特和刘易斯未婚同居的生活安排。达尔文对刘易斯的态度亲切，因为刘易斯支持达尔文的泛生论学说，即达尔文备受诟病的遗传学理论。刘易斯甚至在《帕尔摩报》(Pall Mall Gazette)上匿名发表了一篇对《动物和植物在家养下的变异》的积极评论，达尔文对此非常喜欢。[9] 这部两卷本的巨著自1868年问世以来，在达尔文最关心的几位科学家中几乎没有引起什么反响。

达尔文曾在1859年的《物种起源》中承诺要阐明人类进化的奥秘，但他花了12年时间才在下一部"大书"中兑现这一承诺。鉴于这个话题可能特别有争议，他将这份新手稿的大部分编辑工作委托给了他在世的长女艾蒂·亨丽埃塔（其他两个更早出生的女儿已经先后夭折）。达尔文特别要求长女担任审查者，防止自己使用可能被误解或具有其他破坏性的词句。长女后来还担任了达尔文后续著作的编辑和校对工作。两卷本的《人类的由来与性选择》于1871年出版。

在《人类的由来》中，达尔文终于直接阐明了人类的起源，以及人和其他动物的关系，并扩展了他的性选择概念——他在《物种起源》中引入了这一概念，但没有详细说明。尽管达尔文支持维多利亚时代的观点，即所谓的野蛮人和文明人之间存在差异，但他认为人类是从一个种族逐渐发展到另一个种族的。当时，多源说与单源说两派人存在相当大的分歧。多源说认为有多个人类物种（或者至少是不同种族的人），来自不同的祖先。单源说则认为所有人类都有一个共同的祖先。在这场辩论中，宗教论证和科学论证互相纠缠，纷繁复杂。《圣经》中对亚当夏娃的记载支持单源说，即这些种族可以追溯至《圣经》中讲述的洪水后诺亚的儿子，而其他人则认为，除了进化为欧洲人的种族之外，大多数种族都是前亚当时代的。一些博物学家，如美国地质学家路易斯·阿加西斯（一位公开的反进化论者）认为目前至少存在3个所谓的主要种族，这表明至少有3个不同的人类源头说。其他人，如德国进化博物学家恩斯特·海克尔，主张更多源头。尽管海克尔是达尔文的铁杆追随者，但他在人类起源问题上与达尔文意见不同。达尔文坚定地站在单源说阵营中，他的许多支持者，甚至像理查德·欧文这样的批评者，也支持单源说。不同种族的人类之间可以生下可生育的后代，这一事实证明，人类是来自一个共祖的单一物种。学界发现的人类化石越来越古老，为单源说增添了力量。

达尔文从未明确指出人类是猴子或猿类的后裔，而是将人类置于灵长类动物之列，进一步强调人类属于自然，而不是凌驾于自然之上，并正确地假想非洲是人类的起源地。他甚至从其他人的著作中摘录了关于人类进化的主张，并绘制了草图，但从未发表过这些图。特别是1868年的一幅图，这可能是我们所知道的他画的最后一种树形草图。这是一棵精心制作的灵长类进化树，不仅仅涉及人类起源。乍一看，这幅图画很乱，甚至画得很随意。仔细研究一下，就能明显地发现达尔文曾多次改变主意并删掉部分内容，各种灵长类动物的名称都有修改的痕迹。在最终版本中，他展示了一个由3个分支组成的集群，第一支被标记为"大猩猩和黑猩猩"，第二支被标记为"猩猩"，第三支是"长臂猿"。最近的一个小分支被标记为"人"。他明确地表示，其他类人猿是人类的近亲，而不是人类的祖先。[10]

达尔文不仅对人类起源产生了浓厚兴趣，而且从《物种起源》开始，便思考和论述其他家禽家畜的起源，尤其是鸽子、鸡和狗的起源。就鸽子而言，达尔文自己在唐恩庄园的繁殖育种实验，就已经使他和大多数其他博物学家相信，所有花哨的家鸽品种都是从野生岩鸽中选育繁殖而来的。达尔文认为，所有品种的家养鸡都有一个单一的起源，即印度次大陆上的红原鸡。达尔文对红原鸡的观点是正确的，尽管它们在驯化的过程中可能曾与野生物种杂交，而且起源地也可能是东南亚北部或中国南部。[11]

狗在达尔文心中占有特殊的地位，他对许多不同品种的狗的起源产生了兴趣。与人类、鸽子、鸡这些起源于同一祖先的情况不同,达尔文认为不同品种的狗来自犬科动物的几个物种。曾在19世纪40年代为达尔文的《小猎犬号考察中的动物志》描述爬行动物和两栖动物的托马斯·贝尔,在1837年的一本书中即持不同观点。他在书中指出,灰狼和家犬可以杂交出可生育的后代,两者的妊娠期相似,为63天。因此,狗的唯一来源可能是灰狼。就连地质学家莱尔也试图用贝尔对狗单一起源的研究来说服达尔文,但达尔文并没有被说动,多年以来他更加强烈地认为,狗品种的巨大多样性需要多种起源。我们今天知道在这一问题上贝尔和莱尔是对的,达尔文是错的。

达尔文多年养狗,家中狗的品类繁多,所以对狗及其祖先特别感兴趣。他可能最喜欢一只名叫波莉(Polly)的㹴犬,它最初是女儿亨丽埃塔的宠物,于1871年夏天《人类的由来》出版之际被收养。亨丽埃塔结婚之后与丈夫理查德·巴克利·利奇菲尔德搬到了伦敦,波莉就成了达尔文的爱犬。在当时新出版的《人类的由来》中,他认为狗可以向主人展示道德感和忠诚,甚至认为狗可以回忆起它们曾经的不当行为。他指出,随着时间的推移,人类已经选择培育了不同品种的狗来执行特定的任务——格力犬善于奔跑,速度卓越,寻回犬善于寻找猎物。

直到《人类的由来》出版,达尔文才充分发展了他的性选择理论。他在此书中论述了自然选择和性选择如何相互加强。他识别出互不排斥的两种性选择,我们今天称之为雄性竞争和择偶。尽管这并非仅限于雄性,但最常见的是雄性产生第二性征用于进行雄雄竞争或赢得配偶。维多利亚时代的达尔文读者,更容易接受雄性间的竞争,因为他们曾目睹雄性体型更大或有尖牙利角，这些都可以用来恐吓对手或实际战斗。胜利者成功地交配，而战败者被迫撤退。择偶（雄性必须向雌性求爱才能成功交配）如何发生、为何发生，人们却很少了解。对达尔文来说，随着时间推移，雄性进化出越来越华丽外表的方式来吸引雌性，才能解释其求偶时展示身体、歌唱鸣叫和精心装饰（巢穴）的行为。他尤其对雄孔雀夸张的尾巴感到困惑，在给阿萨·格雷的一封信中说："每当我看到孔雀尾巴上的羽毛，都会感到恶心。"[12]进一步的研究表明，尽管华丽的尾巴可能引来捕食者，但孔雀对成功吸引配偶的需求超过了这一点。雌性会选择具有更多美丽特征或精致表现的雄性，从而在连续世代中强化这些特征。除了华丽的特征更能吸引雌性之外，雌性可能没有意识到的是，华丽的特征也可能表明该雄性个体的健康状况优越。在父权制的英国维多利亚时代，择偶理论并没有得到广大受众的认可。

自然选择的共同发现者华莱士，不能苟同达尔文对"性选择的重要作用和意义"的观点。华莱士认为，在第二性征的发展进化中，自然选择比性选择更重要。他认为鸟类和昆虫的颜色尤其如此。华莱士认为，雄鸟身上形成的华丽羽毛，并不是通过雌性择偶产生的，而雌性反而是在筑巢时通过自然选择进化出了黯淡的颜色，这是一种保护色。两人从未完全达成一致，但达成了妥协：达尔文承认华莱士关于自然选择导致保护性着色的观点是正确的，但仍然认为性选择在动物（包括人类）中具有重要作用。

达尔文迟迟没有出版关于人类世系的著作，使得赫胥黎的

《人类在自然中的地位》(Man's Place in Nature)和莱尔的《人类古老性的地质证据》都先一步于1863年出版。达尔文著作延迟问世的一个积极方面是,先驱著作已经做好了缓冲。达尔文的书最终出版时,人们已经准备好听取"人类如何出自低等物种"的消息。对达尔文不利的一面是,莱尔论人类古老性的著作中对达尔文的进化论(尤其是对自然选择理论)仍然只保持了不咸不淡的态度。至少在印刷著作中,莱尔最接近支持达尔文自然选择世代递嬗观点的文字,只出现在《地质学原理》的后期版本中。

1867年,达尔文向同行、朋友们分发了一份名为"关于表情的问卷调查"的印刷品,其中包括16个关于人受到各种刺激时,面部表情和相关情绪的问题。他将把这份问卷的调查结果纳入一部源于"大书"手稿的最终著作。这本书于1872年出版,名为《人和动物的情感表达》(The Expression of the Emotions in Man and Animals),他在书中讲述了人类和动物如何对刺激产生相似的进化反应。正如达尔文的女儿亨丽埃塔一年前在《人类的由来》中所做的那样,这次她和弟弟伦纳德在校对该书方面提供了很大帮助。这本书卖出了近7000册,好评如潮。

这是达尔文唯一一本配有照片插图的书。这些记录人类面部表情的图像是使用新胶版法印制的,该方法采用了照相印刷工艺,将明胶薄膜暴露在底片下,用铬矾硬化,然后直接进行印制。出版商约翰·默里指出,照片增加的额外成本会影响利润,但达尔文坚持将这些图像印在书中,因为他认为胶版法更能展现他希望呈现的人类面部表情。达尔文让演员模仿各种情绪，也描绘婴儿和儿童的情绪表达。他借鉴了法国医生和神经病学先驱迪歇恩·德布洛涅（Duchenne de Boulogne）的著作，后者用电刺激方法来引导志愿被试的面部表情。对达尔文来说，重要之处是驳斥了当时流行的观点，即人类富有表情的面部肌肉是上帝赋予的。达尔文利用各种动物的插图，将遗传（即进化）与人类的情感表达联系起来，表明在人类身上发现的情感首先出现在动物身上。情绪表达在人类中的普遍性（无论在"原始人"中还是在"文明人"中）都支持了他的论点，即所有人类有一个共同祖先。

一名男子表达恐惧，据《人和动物的情感表达》一书中的一张照片绘制

达尔文这时基本完成了他 19 世纪 50 年代为自己设定的目标，即写完他的"大书"，但他没有准备安于现状。相反，他这时将对科学的注意力，更充分地转向植物学，同样认为这些研究将为他的进化论提供支持。

## 注　释

1　查尔斯·达尔文，《论林奈学会收藏的一种兰花——三叉兰的三种显著性形态》（*On the Three Remarkable Sexual Forms of Catasetum tridentatum, an Orchid in the Possession of the Linnean Society*），载《伦敦林奈学会学报：植物学》（*Proceedings of the Linnean Society of London: Botany*），1862 年第 6 卷第 2 期，第 151—157 页。

2　约瑟夫·胡克 1866 年 5 月 13 日写给查尔斯·达尔文的信，载《查尔斯·达尔文书信集第 14 卷：1866 年》（*The Correspondence of Charles Darwin, Vol. XIV: 1866*，Cambridge, 2004），F. 伯克哈特等编，第 171 页。

3　查尔斯·达尔文，《查尔斯·达尔文的生平和书信，包括一部自传》，弗朗西斯·达尔文编，第 3 卷，第 274 页。

4　乔治·坎贝尔，《超自然》（*The Supernatural*），载《爱丁堡评论》，1862 年第 116 期，第 589—590 页。

5　托马斯·亨利·赫胥黎 1865 年 7 月 16 日写给查尔斯·达尔文的信，载《查尔斯·达尔文书信集第 13 卷：1865 年》，第 203 页。

6　查尔斯·达尔文 1866 年 2 月 6 日写给阿尔弗雷德·拉塞尔·华莱士的信，载《查尔斯·达尔文书信集第 14 卷：1866 年》，第 44—45 页。这封信中的内容表明达尔文正在考虑颗粒遗传。"我想你不明白我所说的某些品种不能杂交是什么意思。它不是指可育性，举例说明，我曾把颜色截然不同的香豌豆和紫花甜豌豆杂交，结果即使同一个豆荚中生长的也都是两个品种的豌豆,没有一个是两者混合的中间品种。我认为你的蝴蝶和3种千屈菜也一定会发生这种事情;虽然这些例子看起来如此奇妙,但我不知道它们的奇妙程度是否真的超过世界上每个雌性都能孕育不同的雄性和雌性后代。"尽管这种实验记录让后人看得干着急,但达尔文从未意识到这项实验的重要性。

7 有关与丁尼生会面的描述和评论,载《艾玛·达尔文:百年家书,1792—1896年》(*Emma Darwin: A Century of Family Letters, 1792–1896, London, 1904*),第2卷,第220—221页。

8 查尔斯·达尔文1873年3月30日写给乔治·艾略特的信,载《查尔斯·达尔文书信集第21卷:1873年》(*The Correspondence of Charles Darwin, Vol. XXI:1873,* Cambridge, 2002),F. 伯克哈特等编,第144页。

9 乔治·亨利·刘易斯,《(评论)达尔文谈驯化和变异》[*(Review of) Darwin on Domestication and Variation*],载《帕尔摩报》,1868年第7期,第555页,第636—637页,第652页。

10 J. 大卫·阿奇博尔德,《亚里士多德的梯子、达尔文的树:生物秩序视觉隐喻的进化》(*Aristotle's Ladder, Darwin's Tree: The Evolution of Visual Metaphors for Biological Order, New York, 2017*),第108—112页。

11 拉曼·阿基扬朱·拉瓦尔(Raman Akinyanju Lawal)等,《家养鸡的野生物种基因组祖先》(*The Wild Species Genome Ancestry of Domestic Chickens*),载《生物医学中心·生物学刊》(*BMC Biology*),2020年第18卷。

12 查尔斯·达尔文1860年4月3日写给阿萨·格雷的信,载《查尔斯·达尔文书信集第8卷:1860年》,第140页。

## 第十章

# 把玩植物、逗弄蚯蚓

1862年,《兰花》一书取得了相当大的成功,这预示着达尔文新的科学探索和他余生工作的方向。当时,他忙于修订和出版自己论进化的开创性著作《物种起源》的新版本,但随着他由4本不同著作组成的"大书"在1872年出版,他开始了更多以植物学为中心的研究。即使达尔文的《兰花》取得了重大成功,我们也很少认为他是一位植物学家,但其实达尔文在一生中,出版了不少于6本关于植物学的书(包括他已经出版的论兰花和论攀缘植物的专著)。当然,他深入研究植物学的决心,显然受到了他最亲密的两位植物学朋友(英国的胡克、美国的格雷)的极大影响。植物现在成为他研究的中心,尽管植物研究结果没有被专门当作他的进化理论的证据,但对植物的研究仍然支持了他的理论。

1855年至1856年间,达尔文在唐恩庄园建造的温室里进行了大量的植物学实验和观察。这个温室最初只是一个靠近厨房花园边界墙的大棚,但随着时间推移,改建得更加复杂,尤其是在1863年增加了一个暖房,采用了最新技术——焦炭炉,能够加热暖房内管道中循环的水。这样一来，达尔文种植植物的园地就不再受多变且恶劣的英国气候限制。据报道，1882年达尔文去世时，他的温室建筑群有 3 到 4 部分。这些设施对他珍爱的兰花实验尤为重要，这些实验研究了植物生长的各个方面，以及花的形态变化、授粉模式和植物肉食性（他称为食虫性）的变化。1881 年，即达尔文去世前不久，在温室建筑群的对面，建起了一座砖结构建筑。几乎没有证据表明他曾经使用过这个被称为实验棚或实验室的建筑。

达尔文的首要植物学任务之一是将 1865 年发表在《林奈学会杂志》(Journal of the Linnean Society) 上的论攀缘植物的枯燥专著改编成一本书，由约翰·默里出版。最初这部专著的灵感来源于格雷的一篇论文，其讲述了植物卷须如何向上卷曲，以寻求支撑结构。格雷给达尔文送去了原产于北美洲东北部的野生黄瓜种子，这进一步激发了达尔文的兴趣。植物的卷须在触摸到支撑物时，能够做出反应，牢固地攀缘在支撑物上；卷须的这一特性，深深地吸引了达尔文。他的出版商约翰·默里意识到，读者不会被攀缘植物的话题所吸引，所以这本《攀缘植物》(Climbing Plants) 首次发行 1500 册后就没有再印刷，这可能是达尔文著作中发行量最少的一本。

1875 年，即《攀缘植物》出版的那一年，达尔文另一本有趣的书《食虫植物》(Insectivorous Plants) 也付梓出版，而出版商为《食虫植物》计划了更大的发行量，因为植物如何吞噬昆虫的话题对公众来说更具一种奇特的甚至有点病态的吸引力。到该书出版，达尔文已经对这些植物进行了至少 15 年的

唐恩庄园的温室

实验。他研究的几种植物包括常见的茅膏菜和猪笼草，它们的捕食方式比较被动——使用黏性物质将"受害者"困住，或者有光滑的边缘导致猎物无法攀缘而落入充满液体的笼子中，然后将其溶解。相比之下，捕蝇草的捕猎方式更为主动，当猎物进入捕蝇草的叶片中间，两半叶片会发生闭合，将猎物困住。达尔文的理论认为，这些植物可以在泥炭沼泽等贫氮环境中生存，是因为它们进化出了从猎物身上吸收所需营养的机制。他尝试对这些植物施加各种刺激，比如用尖锐物品戳刺、触碰、抚摸、吹气，还喂给它们各种"营养物"，从肉到玻璃，不一而足。他还请生理学专家帮助自己理解其中的化学过程。他甚至让已经长大的弗朗西斯、乔治兄弟为这本书绘制了一些插

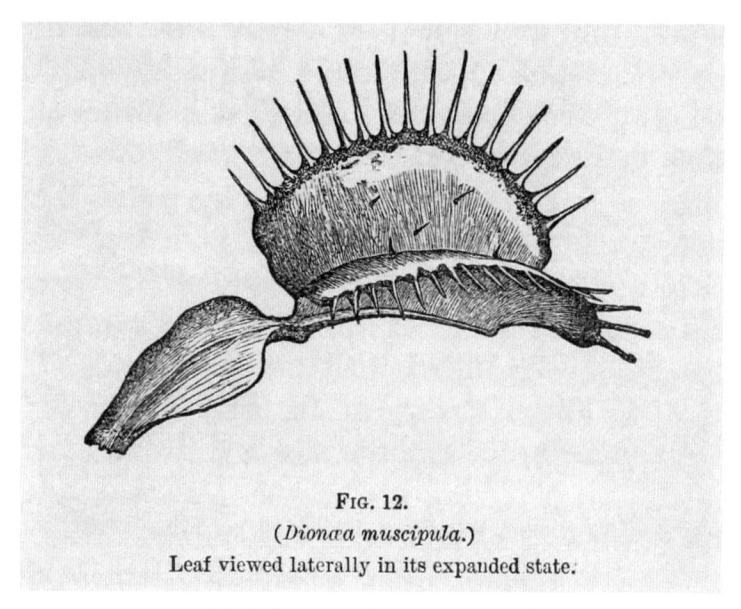

FIG. 12.
(*Dionæa muscipula.*)
Leaf viewed laterally in its expanded state.

达尔文《食虫植物》中的一种捕蝇草

图。虽然这不是一部重要的进化论著作，但它仍为达尔文的进化理论提供了更多证据，表明物种如何在自然选择的力量下通过进化来适应环境条件。

达尔文和艾玛的第 7 个孩子弗朗西斯·达尔文最初在剑桥大学学习物理学，但后来转向自然科学。1875 年，他在圣乔治医学院获得医学学位，但是他对植物学的兴趣高涨起来，他乐于在唐恩庄园帮助父亲做研究。弗朗西斯还参观了当时各地新建立的实验室，特别是在德国，他在那里学习了植物生理学的最新技术。德国有（唐恩庄园所缺乏的）最新的设备和技术，可以用于实验和植物学研究。他试图让父亲接受新方法，但只取得了微小的成功。达尔文的绅士科学家背景，使他顽固地抵制植物学中正在发生的进步。这导致人们认为他是一个不能接受更新近、更严谨实验方法的旧派博物学家。这同时意味着，即使他在植物繁殖和生理学方面提供了有趣且往往正确的结果，但由于他缺乏更现代的方法，人们也常常无法认同他的工作。弗朗西斯支持自己父亲的工作，但可能也会感到有些挫败。

在这段时间，达尔文不情愿地发现自己卷入了围绕活体解剖进行的公众争论；活体解剖是为了科学目的而对活体动物进行的手术。当时众说纷纭——从坚定地认为不应在活体动物身上进行实验，到认为只有在不造成痛苦的情况下才可以进行实验，再到认为无论造成什么痛苦，都可以对动物进行实验——各种观点不一而足。尽管达尔文是一名猎人和动物标本收藏家，但他也认为自己是一名动物爱好者。他感到很矛盾。在写给一位同行的信中他回应道："我完全同意，为开展生理学实际研究而进行的动物实验是正当的；但是仅仅为了满足无端的、可恶的好奇心而进行的动物实验，不能被认为是正当的。这是一个让我感到恐惧的话题，为了保证我在晚上能安心入睡，我将不再对此事发表任何评论。"[1] 他还在《人类的由来》中谈到，动物实验必须有正当理由，否则实验者可能会终身对自己的行为感到悔恨。

1874 年 8 月，这场争论在英国达到了顶点。在诺里奇的一次医学会议上，受邀的法国生理学家欧仁·马尼昂（Eugene Magnan）为了诱发癫痫向狗的静脉注射酒精和苦艾酒。观众们义愤填膺，皇家外科学院院长甚至释放了其中一只狗。当地群众叫来县治安官，并对参与展示的人提出指控，但在 1874 年 12 月的审判中，英国的会议组织者被判无罪。审判一个月后，弗朗西丝·鲍尔·科布（Frances Power Cobbe）发起了一份请愿书，获得了 600 多个签名，呼吁英国皇家动物保护协会调查所有动物实验，并起草法律阻止实验。达尔文也被请求签署该请愿书，但是他拒绝了，他认为请愿书中的措辞具有煽动性。在女婿理查德·巴克利·利奇菲尔德的建议下，他帮助起草了一份提案，阐述了为什么活体解剖对生理和医学研究很重要，但他仍然抵制给动物带来不必要痛苦的研究工作。这些相互竞争的法案，包括达尔文帮助起草的版本，都没有在 1875 年被议会通过，但第二年成立了一个皇家委员会来调查活体解剖事件。达尔文是委员会传唤做证的 53 名证人之一。他在声明中强调，只有在活体动物实验的帮助下，生理学才能取得进展，但必须使动物不感到痛苦。当被问及他对"'可以打麻药进行的实验，却在不打麻药的情况下痛苦地进行……'有什么看法？"达尔文回答："这应该受到谴责和憎恶。"[2]

个人被卷入公共事务，总是让达尔文感到烦恼，尤其是涉及他自己的工作时。随着年龄的增长，这种劳累加剧了他的各种疾病。幸而他在自己的植物研究中找到了慰藉，很快又回到研究中，这一次他在准备自己的下一本书，这本书于1876年末出版，内容正如书名所示，阐述《异花受精与自花受精在植物界中的效果》(The Effects of Cross and Self Fertilisation in the Vegetable Kingdom)。弗朗西斯帮助他的父亲完成了60多个植物物种的显微镜研究，展示了不同个体之间异花受精的植物与同一个体自花受精的植物之间的生存差异。达尔文发现，自花受精的植物表现更差。今天，我们将达尔文发现的结果称为"近亲繁殖抑制"。尽管这只是一个猜测，达尔文无法证明为什么会出现这种情况。正如他的许多发现一样，多年后才能得到解释。他打算将这些结果作为自己在兰花研究上的补充，当然，这些结果也强化了他在《物种起源》中阐述的杂交与近亲繁殖（两相对比）对一个物种的生存有重要意义的观点。

1876年对达尔文家来说既重要又残酷。弗朗西斯的妻子埃米·拉克·达尔文（Amy Ruck Darwin）诞下了伯纳德（Bernard）——达尔文和艾玛的长孙。但不到4天，埃米就死于高热，这可能与分娩有关。弗朗西斯悲痛欲绝，带着幼子搬进唐恩庄园。儿媳埃米是达尔文最小的女儿伊丽莎白（第6个孩子）的特别朋友和知己。伊丽莎白只大埃米3岁，她的性情与姐姐亨丽埃塔不同，而与埃米更相似，伊丽莎白安静而矜持，部分原因是一些发育问题，至少在小时候是这样。成年后，她对教育和妇女问题感兴趣，尤其是倡导妇女选举权——这是她与姐姐亨丽埃塔共同参与的活动。我们对伊丽莎白知之甚少，她从未结婚，一直住在唐恩庄园的家里，后来和母亲艾玛住在剑桥，直到1896年艾玛去世。她的侄子伯纳德在自传中深情地描写了姑姑。伯纳德后来以高尔夫作家的身份成名。他的父亲弗朗西斯又结了两次婚，先是在1883年与艾伦·沃兹沃思·克罗夫茨（Ellen Wordsworth Crofts）结婚，两人育有一女，名为弗朗西丝·克罗夫茨·达尔文（Frances Crofts Darwin），婚后名为弗朗西丝·康福德（Frances Cornford），是一名诗人；艾伦去世后，他娶了第三任妻子弗洛伦斯·亨丽埃塔·费希尔（Florence Henrietta Fisher）。

也许是感到自己时日不多，达尔文写了一本简短的自传，仅供子孙后代阅读。虽然这部自传并非为公开出版而写，但弗朗西斯在父亲去世5年后，在亨丽埃塔的帮助下于1887年出版了这本书，作为《达尔文的生平和书信》一卷中的一部分。不幸的是，两人私自删除了所有被认为是批评上帝和基督教的文字、段落。直到1958年，达尔文的孙女、霍勒斯·达尔文的女儿诺拉·巴洛在庆祝《物种起源》出版100周年的纪念版中补充上缺失的文字。亨丽埃塔还编辑出版了母亲艾玛的信件，最初在1904年以《达尔文的夫人艾玛·达尔文：百年家庭》（*Emma Darwin, Wife of Charles Darwin: A Century of Family*）为书名私下出版，后来在1915年更广泛地出版发行。

达尔文的下一本植物学著作（也是他出版的六本书中的第五本）于1877年出版，书名是《同种植物的不同花型》。与他的其他植物学书籍一样，这部著作由他为林奈学会撰写的论文汇编而成。他将这部著作献给阿萨·格雷，作为"对尊重和友情的小小礼物"。这是他第二次也是最后一次出版"致献著作"，第一次是30多年前《研究日志》第二版出版时献给查尔斯·莱尔。这种罕见情况说明了他对这两人有多么尊敬。弗朗西斯再次帮助父亲进行实验，并为父亲去世两年后出版的第二版写了序言。达尔文在写作时意识到，这本书对公众来说技术性太高、太枯燥。他在自传中评论说，尽管很少有人欣赏这部作品，但他非常满意自己在花柱异长的植物方面的发现，这些植物的花朵中的雌性生殖部分的大小和形状，可能会在同一物种的不同个体中存在差异。达尔文想确定具有不同花朵形态的个体杂交后的繁殖成功率有无差异。他通过实验发现，生殖成功率确实存在差异，甚至有些杂交会导致不育。这可能引发了他对现有物种如何分裂形成新物种的思考，因为不育有助于将种群分为两个不同的繁殖群体。

1877年晚些时候，达尔文获得了一项令他非常高兴的荣誉。11月，母校剑桥大学授予他荣誉法学博士学位。1870年，牛津大学先剑桥大学一步，授予达尔文民法博士学位。达尔文当时因为健康状况不佳而不得不谢绝牛津大学的典礼，他担心这次可能也需要谢绝剑桥大学的典礼。但这一次，达尔文最终来到了剑桥，带着妻子艾玛、儿子伦纳德和霍勒斯、女儿亨丽埃塔，可能也带了乔治和弗朗西斯。这是一场精心策划的典礼，所有贵宾都穿着猩红色长袍，发表似乎没完没了的演讲。会场里悬挂着一只穿着学术袍的毛绒猴，暗示达尔文关于人类起源的研究。一些不守纪律的本科生的喧闹，让场面变得很不庄重。

1879年，为了纪念达尔文的荣誉学位，剑桥哲学学会向剑桥大学毕业生筹集了400英镑，请威廉·布莱克·里士满（William Blake Richmond）为达尔文画了一幅身穿猩红色学术长袍的肖像。1881年10月，在访问剑桥时，艾玛看到这幅肖像后写道："我们去看了这幅画，我觉得它非常可怕，又凶猛又肮脏。"[3] 也许艾玛的批评过于严厉了，因为图中的达尔文微笑着且略带得意，达尔文这样的画像并不多。

达尔文的最后一本关于植物的著作《植物运动的本领》（*The Power of Movement in Plants*）于1880年即他去世的两年前出版。这一次，他更直接地承认了弗朗西斯的实验贡献，在扉页上将其名字署在自己名字之下，列为第二作者。可以说弗朗西斯是名副其实的共同作者。和他的其他专业书籍一样，这本书销售状况不佳；事实上，这是他所有书籍中最不成功的一本，没有修订再版。这本书继续了他在《攀缘植物》中提出的关于植物运动的研究，展示了植物如何对各种外部刺激做出反应，扩展了达尔文关于自然选择如何支配生长和生存的观点。到19世纪末，达尔文观察到的现象被称为向性，被定义为"生物体或其部分对外部刺激的被动积极或消极反应"。它可以发生在固着生活的动物或植物身上，但达尔文只研究植物的反应。向性有很多种，但达尔文特别感兴趣的两种是向日性和向光性，分别是对阳光和光的反应。一个具体的例子是达尔文对草苗的向光性反应的研究，它们会向光弯曲并生长。

在完成有关植物的最后两本著作后，达尔文转向了写传记，或者更准确地说，是为他的祖父伊拉斯谟·达尔文的传记写序言。最后，他发现自己陷入了一场毫无意义的争论之中。这件事始于纪念达尔文70岁生日的一期德国《宇宙》（*Kosmos*）杂志，其中包括恩斯特·克劳斯（Ernst Krause）关于进化论历史和达尔文祖父伊拉斯谟之影响的一篇文章。克劳斯把这篇文章扩展成了一本书，达尔文将其翻译成了英语出版，并加了自己所写的"绪言"。从很大程度上来说，这显然不是一篇平常的"绪言"，因为在克劳斯的《伊拉斯谟·达尔文传》（*Life of Erasmus Darwin*）的217页中，达尔文的"绪言"贡献了127页，女儿亨丽埃塔帮助编辑了这本书。

这场争论开始于《埃瑞璜》一书的作者塞缪尔·巴特勒和达尔文之间的通信。两人的通信起初是友善的，但是巴特勒认为达尔文没有对祖父伊拉斯谟和拉马克的进化思想给予应有的赞扬，两人的关系因此恶化。同年，即1879年，巴特勒出版了关于这一主题的书，书名为《新旧进化论，即布封、伊拉斯谟·达尔文、拉马克三人的理论同查尔斯·达尔文先生的理论相比较》（*Evolution, Old and New; or, The Theories of Buffon, Dr Erasmus Darwin, and Lamarck, as Compared with that of Mr Charles Darwin*）。巴特勒指责达尔文和克劳斯贬低和盗用他的著作。整个争端最终变成一场闹剧，但不出所料，达尔文也因此付出了代价。具有讽刺意味的是，这位塞缪尔·巴特勒的爷爷（也叫塞缪尔·巴特勒）是少年达尔文就读的什鲁斯伯里学校的校长，而达尔文非常不喜欢这所学校。

这时，达尔文选择转向自己最早在约 40 年前研究和写作的一个主题——蚯蚓活动为世界许多地方的土壤产生腐殖质。结果这成了达尔文写的最后一本书。1837 年，达尔文乘坐小猎犬号航行归来后不久，在伦敦地质学会发表了一篇题为《论土壤的形成》的演讲，讨论了蚯蚓如何作用于土壤。第二年，《伦敦地质学会会刊》根据演讲发表了一篇论文。[4]达尔文对这个问题的兴趣从未消退。这个主题将生物学和地质学联系在一起，今天我们称这门科学为生态学（Ecology），研究生物体之间以及生物体与环境之间的关系。Ecology 一词来源于希腊语中的"房屋"（oikos）和"研究"（logos），由达尔文的拥趸、德国生物学家恩斯特·海克尔于 1866 年创造。

达尔文并不被认为是生态学家，但他的大部分工作都与生态学相关，生态学对他的进化著作也产生了影响。在 1859 年的《物种起源》中，他提到了自然的经济体或自然的政治体，本质上与生态学的含义相同。达尔文通过一个故事解释了自然界中的陆地关系，"展示了自然界中最偏远的植物和动物，如何通过复杂的关系网联系在一起"。他最富有诗意和洞察力的案例之一是猫、田鼠、熊蜂、红三叶草之间的关系，展示了大自然是如何形成复杂的关系网的。熊蜂最初因飞行时发出的嗡嗡声而得名。达尔文进行了实验，发现熊蜂对红三叶草的授粉非常重要，红三叶草是食草动物的重要食物。唯有熊蜂具有接触花蜜所需的适当口器，其他种类的蜜蜂和昆虫都无法对其采蜜。他发现，任何地区的熊蜂数量都取决于田鼠的数量，因为后者会破坏熊蜂的巢脾和蜂巢。田鼠的数量取决于当地的猫种群的数量。因此，猫越多，田鼠就越少，熊蜂就越多，红三叶草就越多。在下一段中，他做出了更普遍的观察，他喜欢将植物的分布称为"树木交错的河岸"，这种分布看起来是随机的，但实际绝非如此，因为有明确的制衡机制发挥作用，创造了我们所看到的情况。[5] 达尔文可以理所当然地被称为生态学的创始人之一。

达尔文一生都对蚯蚓的作用感兴趣，这使他进行了各种各样的实验。他把装有蚯蚓的罐子散布在房子周围，并对蚯蚓进行了各种实验。他研究蚯蚓的食物偏好，发现生胡萝卜最受蚯蚓喜爱。晚上，达尔文用强光照射蚯蚓，这使它们向泥土中蠕动。他用各种声音对蚯蚓做实验，如大声喊叫，吹口哨；让儿子弗朗西斯用巴松管大声演奏；把它们放在钢琴附近并敲击琴键，但是蚯蚓似乎很少受到声音的影响。不过当把它们放在钢琴上并敲击琴键时，蚯蚓确实会对振动做出反应。达尔文在唐恩庄园的草坪上放了一块重而平坦的石头，记录蚯蚓开始掩埋石头边缘时发生的事情。基于蚯蚓与石头这类实验，达尔文计算得出，每英亩土地有 5 万多只蚯蚓吞、排土壤。如前文所述，最初的蚯蚓石已经没了，但达尔文夫妇的第九个孩子霍勒斯让自己的公司重建了一个复制品，于 1929 年放置在唐恩庄园，这块石头至今仍然存在。1881 年，在剑桥大学获得土木工程学位的霍勒斯与其他人共同创立了剑桥科学仪器公司。霍勒斯除了是一位备受尊敬的商人外，还在 1896 年至 1897 年间担

1881年10月22日,《笨拙画报》中讽刺达尔文的漫画

任了剑桥市长。1880年，他与艾玛·塞西莉亚·法勒（Emma Cecilia Farrer）结婚，育有一子两女。

蚯蚓研究的成果，构成了达尔文的最后一部著作，于他去世前6个月出版。这本《蚯蚓活动带来腐殖土的形成以及蚯蚓行为之观察》（*The Formation of Vegetable Mould Through the Action of Worms, with Observations on Their Habits*）对于喜欢农业的英国人来说是一个引人入胜的无争议话题，因此卖得很好，它比《物种起源》的初版销售更快，第一年就卖出了6000本，到19世纪末已卖出13000本。这本书的写作方式让许多读者易于理解，其风格突出了达尔文对自然的热爱。由于他的名气和这本书的受欢迎程度，讽刺杂志《笨拙画报》（*Punch*）刊发了一幅插图，画的是老年达尔文坐在花园里沉思，头顶上方有一个弯曲成问号形状的巨型蚯蚓。标题写道，达尔文最近把注意力转向了"政治蚯蚓"（Politic Worm）。

## 注　释

1　查尔斯·达尔文1871年3月22日写给埃德温·雷·兰切斯特（Edwin Ray Lankester）的信，载《查尔斯·达尔文书信集第19卷：1871年》，第205页。
2　查尔斯·达尔文提供的证词，见《皇家科学实验实践委员会关于让活体动物接受以科学为目的之实验的报告，包括证据记录和附录》（*Report of the Royal Commission on the Practice of Subjecting Live Animals to Experiments for Scientific Purposes; with the Minutes of Evidence and Appendix, London, 1876*），第233页。

3 艾玛·达尔文写给儿媳萨拉的信,载《艾玛·达尔文:百年家书,1792—1896年》,第2卷,第320—321页。
4 《论土壤的形成》(On the Formation of Mould),载《伦敦地质学会会刊》(Proceedings of the Geological Society of London),1838年第2卷,第574—576页。
5 查尔斯·达尔文,《论通过自然选择的物种起源,或在生存斗争中受惠种类的保存》,第1版,第73—74页。

## 第十一章

# 一点也不惧怕死亡

1882年初，达尔文因心脏病并发症，在近三个月里，健康状况每况愈下。4月19日，达尔文在家人的环绕中，在唐恩庄园去世，享年73岁。据报道，他对艾玛说的最后一句话是"我一点也不惧怕死亡。我记得你是多么好的妻子。告诉所有的孩子，记住他们对我有多好"。[1]

澳大利亚出生的英国基督教福音传教士伊丽莎白·科顿（Elizabeth Cotton），即霍普夫人（Lady Hope），在20世纪初发布了一个怪诞的城市传说，声称达尔文在临终前改变了主张。1915年，她最早说出这个怪诞传说的时候，已经在美国生活了好几年。她声称自己在达尔文去世前不久曾登门拜访，达尔文对自己的物竞天择进化论产生了怀疑，并进一步表示，他希望在一次聚会上宣布耶稣基督是他的救赎。这篇文章被发表在波士顿的《守望稽刊》（*Watchman Examiner*）杂志上。[2]尽管该周刊会发布一些世俗新闻，但其主要目的是提供宗教主题的相关报道。"达尔文的谈话"引起了轰动，而达尔文的子女否认了这个说法。弗朗西斯·达尔文写道："霍普夫人对家父宗教观点的描述是完全不真实的。我曾公开指责她撒谎。"亨丽埃塔在父亲去世时与他在一起,她表示霍普夫人没有来过,至少在达尔文临终前并未来访,她声明霍普的故事完全是捏造。她表示她的父亲"无论当时还是早些时候,从未放弃过他的任何科学观点。我们认为所谓皈依改信的故事是在美国编造的"。伦纳德·达尔文称霍普的说法"纯属虚构",是一个"幻想"。[3]由于互联网的存在,谣言在今天的传播速度可能会更快,但这些言辞有着古老的世袭传承。

达尔文的宗教信仰,在一生中发生了巨大的变化。正如他在自传中所写的那样,作为一个年轻人,他曾对"《圣经》中每个字都是严格的真理"深信不疑。[4]他甚至曾考虑在获得本科学

晚年的达尔文和艾玛,1881 年

位后继续在剑桥大学接受教育,以获得神学学位,然后到一个宁静的小村庄当一个教区的牧师。在那里,只要时间允许,他就可以继续自己的博物学追求。当达尔文真正开始研究自然,而不仅仅是涉猎时,人类对自然中残忍野蛮现象的感知——如阿尔弗雷德·丁尼生的诗句"尖牙利爪,血染自然"[5]——开始让他严肃地怀疑神的仁慈。在给阿萨·格雷的一封信中,他写道,如果上帝创造了姬蜂(一种寄生蜂),他就无法说服自己存在一位"仁慈而全能的上帝"。姬蜂在活着的毛毛虫体内产卵,幼虫从内部逐渐吃掉被寄生者。[6]1851年,达尔文的爱女安妮去世,年仅10岁,这成为压垮他宗教信仰的最后一根稻草。

达尔文在1880年写的一封信让我们认识到他临终时信仰的真相。1880年11月23日,当时的年轻律师弗朗西斯·麦克德莫特(Francis McDermott)写信给达尔文,说他从达尔文的书中获得了极大的乐趣,但他不想因此失去对《新约》的信仰。他请求达尔文这位著名博物学家回答是否相信《新约》。达尔文简洁地回应说,他"很抱歉地告知"麦克德莫特,他"不相信《圣经》乃是神启,因此也不相信耶稣基督是上帝之子"。达尔文在信的顶部匆匆写下了"私人"一词并用下划线标出。[7]麦克德莫特遵守了这一要求;直到2015年9月,这封信在纽约市的一次拍卖会上以近20万美元的价格售出,其内容才广为人知。

毫无疑问,达尔文在1859年的著作中开创性地提出了物竞天择的物种起源理论,但是因为威尔伯福斯主教等教会官员从中作梗，他未被授予爵士头衔以及任何其他国家荣誉。而他的许多同辈、朋友、对手都得到了这类待遇，包括如胡克、理查德·欧文、查尔斯·莱尔、阿尔弗雷德·华莱士、赫胥黎，以及自己的五个儿子中的三个：弗朗西斯、乔治、霍勒斯。这份名单清楚地表明，达尔文未被授予这些荣誉是有人故意为之。他的开创性工作使他在当时引起了巨大争议，以至于以维多利亚女王为首的英国国教教会无法以这样公开的方式承认他的卓越贡献。在《物种起源》出版后的几年里，人们已经能逐渐接受他的物种起源理论，甚至在科学界以外也获得了一定的认可。2008年，英国国教花了150年的时间，在这部著作出版150周年之际，向去世已久的达尔文公开道歉，尽管这已经毫无意义。教会官员马尔科姆·布朗（Malcolm Brown）的一篇文章写道："教会应该为误解你而向你道歉，因为我们的第一反应是错误的，这促使其他人也对你产生了误解。"这是他们的耻辱，但这种情况在达尔文的葬礼安排上得到了某种程度的纠正。[8]

达尔文希望被埋葬在英国国教教区唐恩村的圣玛丽教堂的墓地，先他而去的家庭成员——他的孩子玛丽·埃莉诺和查尔斯·韦林，以及兄弟拉斯也埋葬在那里。艾玛1896年去世后葬在这里，此外还有几个他们的孩子、孩子的配偶以及孙子孙女也将安葬在这里。达尔文去世后不久，他的同行们提出将他安葬在英国最受尊敬的墓地——威斯敏斯特大教堂。当时威尔伯福斯主教已经去世近10年了，无法反对此事。自中世纪以来，英国君主，如亨利五世和都铎王朝除了亨利八世以外的所有国王都埋葬在这里。教堂里埋葬或纪念的还有神职人员、作家、画家、政治家、音乐家、演员、科学家,距今最近的一位是2018年去世的斯蒂芬·霍金,他的骨灰被安葬在艾萨克·牛顿和查尔斯·达尔文的坟墓之间。

将达尔文葬在威斯敏斯特大教堂,需要人们向议会请愿,公众的广泛支持轻易地挫败了教会和政府再次冷落这位伟人的图谋。威斯敏斯特教堂主事乔治·格兰维尔·布拉德利(George Granville Bradley)当时远在法国。在那里,他收到了英国皇家学会主席威廉·斯波蒂斯伍德(William Spottiswoode)转发的电报,其中部分内容是:"我们杰出的同胞达尔文先生应该被埋葬在威斯敏斯特大教堂,此事会得到所有阶层、各界人士的欢迎。"布拉德利回忆说,他毫不犹豫地批准了这一请求,欣然表示同意。[9]

因为预计会有上万人参加达尔文的葬礼,所以发放了各种类型的门票,分别允许人们进入教堂的不同部分。《泰晤士报》写道,大量没有门票的人被允许进入北侧中殿。来自意大利、西班牙、德国、法国大使馆的要员,以及来自英国各地的许多学者出席了葬礼。具有讽刺意味的是,达尔文在世时,曾被各国官方授予多种荣誉,但他的祖国英国并未授予他荣誉,而在葬礼上可以弥补过失。

葬礼和下葬安排在4月26日,即达尔文去世一周后。达尔文的遗体在圣菲思的小教堂里放置了一夜,4月26日早上,棺材在家人和致哀的社会闻人的护送下进入教堂。仪式在彩灯下举行,合唱团演唱专为达尔文葬礼而创作的赞美诗。《泰

1882年，达尔文的葬礼在威斯敏斯特大教堂举行

晤士报》报道称，上午 11 点 40 分，达尔文的遗体从小教堂被带到西堂，那里排起了长长的悼念队伍。棺材上覆盖着黑色天鹅绒，上面放着许多美丽的白花花环。达尔文的长子威廉担任首席哀悼者，其他家庭成员也参与了哀悼仪式。抬棺人包括达尔文在科学界的密友胡克、赫胥黎、华莱士，朋友和邻居威廉·斯波蒂斯伍德、约翰·卢伯克，美国驻英国大使詹姆斯·拉塞尔·洛厄尔（James Russell Lowell），以及贵族乔治·坎贝尔（第 9 代阿盖尔公爵）、威廉·卡文迪什（William Cavendish，第 7 代德文郡公爵）和爱德华·亨利·斯坦利（Edward Henry Stanley，第 15 代德比伯爵）。

教堂中殿北的地板上，一块卡拉拉大理石板覆盖着达尔文的长眠之地。1875 年，达尔文的朋友和导师莱尔就埋葬在附近。达尔文的墓紧挨着天文学家约翰·赫歇尔的墓，离人们为牛顿精心建造的墓很近。赫歇尔曾写过物种变化是"谜中之谜",达尔文后来在其代表作的开头引用了这一点。赫歇尔墓上的铭文相当精细;达尔文墓上的铭文则简单地写着:"查尔斯·罗伯特·达尔文,1809年2月12日出生,1882年4月19日去世。"达尔文家于1888年在墓附近安装了一个圆形纪念章,上面有一尊真人大小的浮雕半身像,上面只雕刻着达尔文的名字。

达尔文独特的半身像、奖章和塑像有数百件,可能还有数千件复制品散布在世界各地。可以说,其中最著名和最富传奇色彩的是约瑟夫·埃德加·贝姆(Joseph Edgar Boehm)的雕刻作品,表现的是年长的达尔文,正坐在伦敦自然历史博物馆主厅楼梯上。达尔文去世后不久贝姆便计划雕刻这尊塑像。1885年,赫胥黎大张旗鼓地为塑像揭幕,甚至威尔士亲王也出席了揭幕仪式。这一幕被拍摄下来,刊登在英国的《画报》(*The Graphic*)周刊上。曾经与达尔文为敌的理查德·欧文,也是博物馆的创始人和首任馆长,不情愿地向握有实权的博物馆董事斯宾塞·沃波尔(Spencer Walpole)承认,达尔文的贡献值得为他在自然历史博物馆竖立一尊塑像。1897年,欧文去世一年后,达尔文像对面的大厅里竖立了一尊欧文的青铜塑像,欧文塑像呈站立姿势,手中紧紧抓住已经灭绝的新西兰恐鸟的股骨。此后的事情,众说纷纭,各不相同,据说在1927年,达尔文的塑像首先被一头大象标本取代,然后被欧文塑像取代。达尔文的塑像被移出了大厅。在2009年达尔文诞辰200周年和《物种起源》出版150周年之际,他的塑像被移回了原来的位置,而欧文的塑像现在位于达尔文楼上的楼梯平台上。

达尔文一生中，获得了种类繁多的奖项和荣誉。从1826年开始，英国皇家学会每年颁发两枚皇家奖章，以表彰"在应用科学领域的杰出贡献"和"对自然知识进步的最重要贡献"。1853年，约翰·廷德尔（John Tyndall）获得物理学奖章，而我们前面已经讲到，达尔文因其关于珊瑚礁、火山岛、南美洲地质的图书以及他关于藤壶的著作而获得博物学奖章。这一认可对于达尔文来说意义重大。1859年，他又被授予伦敦地质学会的最高奖项——沃拉斯顿奖章。

1864年，达尔文因"在地质学、动物学、植物、生理学方面的重要研究"而获得科普利奖章，但在颁奖词中丝毫没有提到他5年前才出版的震惊世界的《物种起源》，乔治·巴斯克（George Busk）代表达尔文接受了奖章。事实上，因为有人强烈反对达尔文的进化论研究，所以达尔文获得科普利奖章离不开X俱乐部的大力支持。1864年，托马斯·亨利·赫胥黎创立了这个团体，作为一个餐叙俱乐部，目的是支持学术自由主义，特别是达尔文的自然选择理论。除了赫胥黎，这个九人小组还包括乔治·巴斯克、爱德华·弗兰克兰（Edward Frankland）、托马斯·阿彻·赫斯特（Thomas Archer Hirst）、约瑟夫·胡克、约翰·卢伯克、赫伯特·斯宾塞、威廉·斯波蒂斯伍德、约翰·廷德尔。赫伯特·斯宾塞表示，在多次命名尝试后，1865年该团体被正式命名为"X俱乐部"，其用意是不让团体局限于某种想法，其唯一规定是不设任何规定。这些人无论是个人还是作为一个群体都很有影响力，他们希望改革皇家学会，以更加重视科学专业。

1885年，伦敦自然历史博物馆的达尔文塑像及描绘其揭幕仪式的绘画

1870年，牛津大学希望授予达尔文荣誉民法博士学位，但达尔文因为健康状况不佳而无法出席典礼，因此该学位并未授出。我们前面讲到，剑桥大学于1877年授予达尔文荣誉法学博士学位，达尔文非常高兴，并在之后的出版物署名中都加上了这一头衔。1879年，英国皇家医学院授予达尔文巴利生理学奖章，该奖项每两年颁发一次。

除了在英国及其当时的殖民地澳大利亚、印度、新西兰获得荣誉外，达尔文还获得了来自世界各地的各种荣誉。1868年，他被授予普鲁士"功勋勋章"。1879年，他获得了都灵皇家学院颁发的布雷萨奖。此外，他还获得了布雷斯劳大学、波恩大学、莱顿大学的荣誉学位，并被选入阿根廷、奥匈帝国、比利时、丹麦、法国、德国、荷兰、意大利、葡萄牙、俄罗斯、西班牙、瑞典、瑞士、美国等许多国家的科学院等科学团体。[10]

达尔文最伟大的遗产，不在于他所获得的荣誉，而在于他作为一名杰出科学家，证明了进化论并提出了其主要机制。达尔文的卓越地位并非持久不变。达尔文于1882年去世后，他的自然选择进化理论在科学家中的接受度逐渐下降，主要原因有两个。首先，仍然没有办法证明地球是极其古老的，根据达尔文的理论，进化需要漫长时间才能发生。这一问题在20世纪初才得到解决。1898年，两届诺贝尔奖获得者、科学家玛丽·居里（Marie Curie）发现了放射性，即原子衰变并释放能量的过程（我们称之为辐射）。1904年，出生于新西兰的英国物理学家欧内斯特·拉瑟福德（Ernest Rutherford）证明，曾经熔融的岩石会发生放射性衰变，从而可以确定岩石冷却时的地质时间。这可以测定地球历史上各种事件的年代，当时年轻的英国地质学家阿瑟·霍姆斯（Arthur Holmes）在1913年的《自然》（Nature）杂志上用铀衰变为铅的过程解释了这一点。他估计地球有16亿年的历史。他在《自然》杂志的一篇文章中评论道，"10年前因地壳演化的时间过短而感到尴尬的地质学家，现在却因时间过长而更加尴尬"。[11]事实证明，物理学家威廉·汤姆森是错误的，达尔文是正确的。地球非常古老，有充足的时间发生进化。尽管地质学家之间的争论持续了一段时间，但今天已经达成一致——地球的年龄是约45.6亿年。

达尔文理论的第二个，甚至更大的问题，贯穿于1909年剑桥大学庆祝达尔文100周年诞辰和《物种起源》出版50周年的大型庆典中。达尔文的进化论巨著受到了热烈的欢迎，但与此同时，人们对他所描述的自然选择机制的分歧越来越大。达尔文的泛生论遗传学认为，体内的泛子到达性器官后会传给下一代，但很少有人信服这一观点。这种机制本质上是拉马克的获得性遗传观点中一种被证明错误的形式。更重要的是，作为一种混合遗传，自然选择无法在此过程中发挥作用。19世纪末，德国进化生物学家奥古斯特·魏斯曼进行了一项实验来测试达尔文的泛生论遗传学：他切除了连续五代共计68只小鼠的尾巴，发现尾巴的长度在后来几代中没有差异，这表明后天发生的身体变化不会影响遗传构成。1892年，他假设了所谓"种质"的存在，这种遗传物质中含有形成新身体或胞体的信息。这种影响只发生在从种质传递到胞体的过程中。尽管魏斯曼支持达尔文的自然选择理论，但他已经有效地证明了泛生论是错误的。

1900年，包括植物遗传学家德国人卡尔·科伦斯（Carl Correns）、荷兰人雨果·德弗里斯在内的几个人，重新发现了孟德尔1865年的豌豆实验。虽然实验表明孟德尔提出的颗粒遗传可能与自然选择一致，但此事却在支持达尔文自然选择、支持缓慢进化、支持德弗里斯观点的三派人中造成了分歧。这个悬而未决的问题，一直持续到统计遗传学家做出研究，尤其是英国遗传学家R. A. 费希尔（R. A. Fisher）于1930年出版的《自然选择的遗传学理论》（*The Genetical Theory of Natural Selection*）将这个问题做了最佳处理。费希尔在这本书中表明，连续变异是孟德尔发现的离散遗传差异的结果，而这些遗传性变异的变化是由达尔文式自然选择驱动的。野外生物学家、遗传学家、古生物学家开展了许多其他支持性研究。有很多人加入进来，构成了一种把这些研究领域结合起来的联盟。其中著名的有进化生物学家恩斯特·迈尔（Ernst Mayr）、植物学家G. 莱迪亚德·斯特宾斯（G.Ledyard Stebbins）、种群遗传学家特奥多修斯·杜布赞斯基（Theodosius Dobzhansky）和J.B.S. 霍尔丹（J.B.S.Haldane）、生态遗传学家E.B. 福特（E.B.Ford）、进化鸟类学家伯恩哈德·伦施（Bernhard Rensch）、古生物学家乔治·盖洛德·辛普森（George Gaylord Simpson）等。1942年，达尔文的强大拥趸、赫胥黎的孙子、英国进化生物学家朱利安·赫胥黎（Julian Huxley）将孟德尔和达尔文的这种结合命名为"现代综合"。不幸的是，这个术语有时被称为新达尔文主义，忽略了孟德尔的重要贡献。

也有一些"黑色遗产"被归到达尔文名下，尽管这些并不属实，但仍然挥之不去。例如社会达尔文主义和优生学的相关概念，由那些不懂达尔文理论或为了方便自己而曲解达尔文理论的人所创造，但被错认为是达尔文提出的。这两个概念都可以追溯到政治理论家和哲学家赫伯特·斯宾塞提出的不幸词语"适者生存"。斯宾塞阅读《物种起源》后，于1864年在自己的《生物学原理》一书中首次使用了"适者生存"一词，试图在自己的经济学理论和达尔文的生物学理论之间找到相似之处。在华莱士的敦促下，达尔文不幸地使用了"适者生存"这个短语，作为"自然选择"的同义词。达尔文并没有放弃他的自然选择一词，而是在1869年的《物种起源》第五版中接受华莱士的意见，加上了斯宾塞的这一词语。多年来，这被证明是一个不幸的选择，因为试图定义斯宾塞的"适者"的含义，会导致一种循环论证：谁是存者？"适者"是存者。因此，短语就变成了"存者生存"（Survival of the Survivors）。

"适者生存"变得与名为"社会达尔文主义"的社会结构理论密切相关。在《人类的由来》一书中，达尔文讨论了自然选择在维多利亚时代的人中的应用——毫无疑问，此时西方世界被视为文明的顶峰，这部著作在今天给我们的印象最多是父权主义，而对它最糟糕的理解是种族主义。在这一点上，达尔文很像他同时代的人，只是他能看到——自然选择继续影响着野蛮和文明社会中的人类，而不是社会本身。这不同于一些人（如华莱士）所认为的"随着有现代文明意识的人出现，自然选择的影响会减弱"。英国作家威廉·拉思伯恩·格雷格（William Rathbone Greg）同意华莱士的观点，但认为文明的所有仁慈善良，尤其是医疗照护和救济贫苦，都削弱了自然选择对社会的影响。赫伯特·斯宾塞得出了一个显而易见的结论，他提倡自由放任的方法，政府不监管私营企业，让自然选择淘汰社会中的弱势元素。达尔文有时似乎支持这些人的观点，即社会中品行端正的成员需要生育更多后代，这使问题变得更加复杂。

在当时，无法用一种有条理的解释来论证社会达尔文主义的伪科学。其中一个更为人所知的迭代产物认为，强者愈强富者愈富，而贫者更贫弱者更弱——此即自由放任资本主义，由此指向了斯宾塞的适者生存。令人不快的是，殖民主义的支持者也使用了这个概念。这种社会和经济趋势是否存在，或以任何形式存在都无关紧要，因为社会达尔文主义错误地将其等同于自然世界，在其中生物的变异被自然选择筛选出来，并遗传给后代。人类社会中没有这样的过程。因此，达尔文的自然选择理论和社会达尔文主义之间存在明显的脱节，达尔文从未认同这一概念，但确实倾向于这一概念。

适者生存也在一种误入歧途的信念中发挥了明显的作用，即通过禁止被认为是劣种的人群繁衍来改善人类物种，这是社会达尔文主义的明显引申。达尔文从未提倡过这样的策略，尽管他确实建议社会上富裕的人应该生更多孩子，并且和艾玛一起将其付诸实践。他认为，所有人类都形成了一个单一的物种，源于一个共同的祖先，这就是人类单系起源论。他在《人类的由来》中认为人类祖先来自非洲。19世纪，单系起源论遭到了多系起源论的强烈反对，多系起源论认为人类有不同的起源（有时被称为不同的物种）。后一种观点煽动了所谓"先进的人"去征服"劣等的人"。虽然包括达尔文在内的单系起源论者认为人类有一个单一的起源，但这并不意味着他们会减少对被视为低等种族或国度之居民的偏见。作为维多利亚时代的男性，他们认为自己的社会制度优于大多数其他民族，最终更有可能胜出。达尔文从小的教养就令他憎恶奴隶制，但同时他也认为世界上的一些民族，如他在南美洲遇到的火地岛土著，是原始的野蛮人、低级人类。同时，他在《小猎犬号航海记》中谴责奴隶制，主张一些人的贫困是由不公正的社会制度造成的，而不是由自然法则造成的。

导致优生学起源的许多线索，错误地将达尔文与其表弟弗朗西斯·高尔顿（Francis Galton）的观点联系在一起，后者是优生学的创始人之一，也是1883年达尔文去世后创造"优生学"一词的人。两人共有一位（外）祖父伊拉斯谟，但不是同一位（外）祖母。高尔顿是一名英国统计学家，他阅读了达尔文的著作，错误地认为达尔文的发现可以用来改善人类。这并不符合达尔文的观点，尽管达尔文确实鼓励足够富有和受人尊敬的人生更多的孩子。一些人继续试图在达尔文的著作中找出支持优生学的声明，但这些尝试只能在达尔文著作中断章取义。事实上，达尔文认为，人类和所有其他物种一样，都会受到自然选择的影响，我们今天知道这一观点是正确的，但是对于19世纪来说，这种观点还是太超越时代了。

查尔斯·达尔文与优生学的唯一真正联系是通过他的儿子伦纳德建立的，伦纳德是家里第八个孩子，也是他最晚离世的孩子。从1871年开始，伦纳德在英国陆军服役，担任皇家陆军工兵，直到1895年退役。他曾担任过各种职务，参加过几次科学考察，如1874年和1882年观测金星凌日。伦纳德结过两次婚，初婚娶了伊丽莎白·弗朗西斯·弗雷泽（Elizabeth Frances Fraser），丧妻后又娶了夏洛特·米尔德丽德·马辛贝德（Charlotte Mildred Massingberd），但没有孩子。他帮助亨丽埃塔校对了父亲的《人和动物的情感表达》。他还是自由统一党的国会议员，并担任皇家地理学会主席。伦纳德于1911年从英国优生学协会创始人弗朗西斯·高尔顿手中接任英国优生学学会的会长，一直担任该职位至1928年。他1916年发表文章《质量而非数量》（Quality not Quantity），鼓励该协会的成员多生多养，但随着运动变得越来越激烈，它的目标也更加激进。

20世纪初，在伦纳德·达尔文担任学会主席期间，优生学在学术界占有一席之地。优生学学会在各国兴起，并举行国际会议。在绝育法通过之后，这场运动已不仅停留在学术层面。其最早和最激进的采纳者之一是美国，1907年至1963年间，美国强制或未经同意就对超过6.4万人实行了绝育。[12] 纳粹德国在20世纪30年代注意到了美国的计划，很快开始了自己的计划。很明显，纳粹对他们认为的劣等人强制绝育，其做法要阴险和野蛮得多，远远超过其他国家。

让达尔文及其理论卷入这些争议和令人憎恶的行为中的试图，不仅玷污了他的声誉，而且毫无疑问也误解和歪曲了他的研究。这种曲解一直存在,最近的一次是 A. N. 威尔逊(A. N. Wilson)2017 年的反进化和反达尔文著作《达尔文:维多利亚神话创造者》(*Charles Darwin: Victorian Mythmaker*)。威尔逊写道:"在这些神话中,最有力的一个是达尔文的信念,即'自然界中所有事物都在强与弱之间不断地斗争,是强者战胜弱者的持续斗争'。"威尔逊在下一段中插了一句"当然,我在最后一段结尾引用的这句话不是达尔文或赫胥黎说的,而是希特勒在题为'世界犹太人和世界市场,世界大战的罪人'的演讲中说的",试图通过自然选择将扭曲的纳粹意识形态与进化论等同起来,简直令人难以置信。其危害在于,它假装是一部达尔文的传记,但正如一位评论家所指出的,它的真实目的是"抨击达尔文"。它甚至被列入了 21 世纪前 20 年最糟糕书籍的名单。[13]

归根结底,我们可能会问,我们认为查尔斯·罗伯特·达尔文是什么样的人,我们如何对这个人了解如此之多?达尔文相当开明、自由的教育经历,塑造了他的性格和政治观点,包括他反对奴隶制。从另一个意义上说,达尔文在很大程度上是一个坚守维多利亚时代传统的男人,例如认为女性在社会中的地位低于男性。然而,他有许多女性通信者,与她们交流科学数据和想法,这不断更新了他对于女性的观感。其中包括玛丽·特里特(Mary Treat),她的兴趣和专业是钻研植物学、昆虫学和地质学;玛丽·伊丽莎白·巴伯(Mary Elizabeth Barber),她对飞蛾在兰花授粉中的作用进行了观察;多萝西·内维尔(Dorothy Nevill),她为达尔文的研究提供过植物;

苏格兰作家、战地记者、女权主义者弗洛伦斯·卡罗琳·迪克西（Florence Caroline Dixie），她给达尔文写过关于南美旅行的信；以及反对活体解剖的理论家弗朗西斯·鲍尔·科布。达尔文其实应该更仔细地阅读其祖父伊拉斯谟的著作，他会发现，早在自己诞生之前，祖父就是女性正规教育的坚定倡导者。

达尔文和艾玛是英国社会中典型的富裕上层成员，他们通过继承、商业投资和向佃农租赁土地来赚钱。达尔文是一个完美的居家男人，沉迷于他的一大群孩子。在大多数人看来，他谦逊有礼，与他人打交道时一丝不苟。这并不意味着他缺乏自我，他当然希望自己的工作成果得到认可。和任何忙碌的人一样，他确实犯了很多错误，如果他觉得自己错了，他会尽力弥补。达尔文将年轻时受过的轻侮记在心里，这可能使他对他人的看法很敏感。人们推测，他的疾病，即使不是由敏感的内心引起的，也因为他对与公众打交道的敏感和厌恶而加剧了，这种特点随着年龄的增长而更加严重。达尔文越来越多地通过自己的朋友和同行来支持自己的想法，最著名的是他在物种的可变性及其原因——自然选择方面的工作。有人甚至说，他通过这些人来表达自己的想法。这很可能是真的，但这些朋友和熟人非常清楚他们在做什么以及为什么要这样做。达尔文智慧的最突出表现是他永不满足的好奇心，以及他总是专注于钻研一个主题，以找出其他人忽略的问题的答案，有些人认为他总是对一个问题过度专注。他对科学的追求非常执着。他所取得的成就能证明：他工作非常勤奋，甚至常常令身体过度劳累而患病。他还有一个古怪的习惯，将厚厚的大部头书籍沿着书脊掰成两部分或更多部分，以做成更容易掌控、阅读的书卷。

可以说，达尔文是影响人类历史进程的人中倍受尊敬的一位，同时也是最受谴责的一位。这种关注催生了一个围绕着达尔文及其著作的产业，包括这部传记本身。这种情况并没有随着时间的推移而减弱。如果说现在有什么不同的话，那就是我们现在对达尔文的了解多于以往任何时候。我们对他的了解，很大程度上源于他的论著，尤其是信件，这些都易于获取并且具有相当价值的。电话发明和推广时，达尔文已届晚年，但19世纪60年代，达尔文确实收到了熟人（如阿萨·格雷）的电报。然而，在维多利亚时代的英国，最重要的通信方式是通过皇家邮政寄送信件，即使在伦敦以外的地区，比如达尔文居住的唐恩庄园，皇家邮政也能够每天提供多次邮递服务。当时这种通信几乎和今天的电子通信一样便捷。

达尔文书信的最早出版可以追溯到1835年，当时他还在小猎犬号勘测船上，他的剑桥导师约翰·亨斯洛私下印发传阅了他的一些信件。1887年他的儿子弗朗西斯出版了他更多的书信。从那时起到20世纪，达尔文的其他书信也陆续出版。1985年，达尔文通信项目（Darwin Correspondence Project）开始按时间顺序出版达尔文书信，出版速度大大加快。截至2021年，共有28卷，除了最新一卷外，所有版本都有在线版本，还有两卷即将推出。项目工作人员计算，这最终将包括达尔文与近2000名通信者互通的15000多封信。除此之外，对于所有感兴趣的人还有几大惊喜——剑桥大学图书馆可以在线查阅达尔文的许多著作和未发表论文,以及许多在小猎犬号勘测船上的日记、野外记录和笔记本等资料的出版物。

达尔文与另一位伟人林肯总统都生于1809年2月12日,在大多数评选中林肯位列美国最伟大的总统前两名。两人都对他们所处的时代和地区产生了深远的影响。林肯深刻地影响了一个国家的身份认同,而达尔文则从根本上改变了所有人类对自然界中自身位置的认知。他的研究结果至今仍能引起共鸣。

## 注 释

1 艾玛·达尔文在查尔斯·达尔文去世前不久写的笔记,载《艾玛·达尔文:百年家书,1792—1896年》,第2卷,第329页。

2 伊丽莎白·科顿,《达尔文与基督教》(Darwin and Christianity),载《守望稽刊》,1915年8月19日新系列,第1071页。

3 弗朗西斯·达尔文1917年11月27日可能写给A. 勒利弗(A. Le Lievre)的信,转载于詹姆斯·摩尔(James Moore)著《达尔文传奇》(The Darwin Legend, London, 1995),第145页;《查尔斯·达尔文的病榻:否认皈依之说》(Charles Darwin's Death-bed: Story of Conversion Denied),载《基督徒》(The Christian),1922年2月23日,第12页。

4 查尔斯·达尔文,《查尔斯·达尔文自传:1809—1882年》,第57页。

5 阿尔弗雷德·丁尼生,《纪念阿瑟·亨利·哈勒姆》(In Memoriam A.H.H., London, 1850),第60页。

6 查尔斯·达尔文1860年5月22日写给阿萨·格雷的信,《查尔斯·达尔文书信集第 8 卷：1860 年》，第 224 页。

7  查尔斯·达尔文 1880 年 5 月 24 日写给弗雷德里克·麦克德莫特的信，可在 www.darwinproject.ac.uk 上查阅。

8  马尔科姆·布朗，《优秀的宗教需要优秀的科学》(Good Religions Needs Good Science)，见 www.cofe.anglican.org。

9  詹姆斯·R. 摩尔（James R. Moore），《查尔斯·达尔文长眠于威斯敏斯特大教堂》(Charles Darwin Lies in Westminster Abbey)，载《林奈学会生物学杂志》(Biological Journal of the Linnean Society)，1982 年第 17 卷，第 97—113 页。

10  J. 大卫·阿奇博尔德，《查尔斯·达尔文：他的生活和作品参考指南》(Charles Darwin: A Reference Guide to His Life and Works, Lanham, 2019)，第 6 页。

11  阿瑟·霍姆斯，《镭与地壳的演化》(Radium and the Evolution of the Earth's Crust)，载《自然》，1913 年第 91 卷，第 398 页。

12  保罗·A. 隆巴尔多（Paul A.Lombardo），《三代人，没有低能者：优生学，最高法院以及巴克诉贝尔案》(Three Generations, No Imbeciles: Eugenics, the Supreme Court, and Buck v.Bell, Boulder, 2008)。

13  A.N. 威尔逊，《查尔斯·达尔文：维多利亚时代的神话创造者》，第 362 页；乔安娜·穆兰（Joanny Moulin），《"抨击达尔文"：评论 A.N. 威尔逊的"达尔文，维多利亚神话缔造者"》("Darwin Bashing": Review of A. N. Wilson's "Charles Darwin, Victorian Mythmaker")，载《传记学会》(Biography Society)，见 www.biobiologysocity.org；维基百科，"21 世纪前 20 年最糟糕的书籍清单"，见 www.en.Wikipedia.org。

# 参考书目

Archibald, J. David, *Origins of Darwin's Evolution: Solving the Species Puzzle through Time and Place* (New York, 2017)

Ashworth, J. H., 'Charles Darwin as a Student in Edinburgh, 1825–1827', *Proceedings of the Royal Society of Edinburgh*, LV/10, part ii (1935)

Beck, Richard, *A Treatise on the Construction, Proper Use, and Capabilities of the Smith, Beck, and Beck's Achromatic Microscopes* (London, 1865)

Bell, T., *Reptilia, Part 5 of The Zoology of the Voyage of HMS Beagle, under the Command of Captain FitzRoy, R.N., during the Years 1832 to 1863,* ed. C. R. Darwin (London, 1843)

Berra, Tim M., *Darwin and His Children: His Other Legacy* (Oxford, 2013)

Browne, Janet, *Charles Darwin: A Biography*, Vol. I: *Voyaging* (New York, 1995)

—, *Charles Darwin: A Biography*, Vol. II: *The Power of Place* (New York, 2002)

Burchfield, Joe D., 'Darwin and the Dilemma of Geological Time', *Isis*, 65 (1974)

[Butler, Samuel], *Erewhon; or, Over the Range* (London, 1872)

—, *Evolution, Old and New; or, The Theories of Buffon, Dr Erasmus Darwin, and Lamarck, as Compared with that of Mr Charles Darwin* (London, 1879)

Carpenter, Humphrey, *The Seven Lives of John Murray: The Story of a Publishing Dynasty* (London, 2008)

[Chambers, Robert], *Vestiges of the Natural History of Creation* (London, 1844)

Colp, Ralph, *To Be an Invalid: The Illness of Charles Darwin* (Chicago, IL, 1977)

—, *Darwin's Illness* (Gainesville, FL, 2008)

Correns, Carl, 'G. Mendel's Regel über das Verhalten der Nachkommenschaft derRassenbastarde', *Berichte der Deutschen Botanischen Gesellschaft*, XVIII (1900)

Costa, James T., *Wallace, Darwin, and the Origin of Species* (Cambridge, MA, 2014)

Darwin, Charles R., *Extracts from Letters Addressed to Professor Henslow* (Cambridge, 1835)

—, *Journal of Researches into the Natural History and Geology of the Countries Visited during the Voyage of HMS 'Beagle' round the World* (London, 1839)

—, 'Observations on the Parallel Roads of Glen Roy, and of Other Parts of Lochaber in Scotland, with an Attempt to Prove That They Are of Marine Origin', *Philosophical Transactions of the Royal Society*, CXXIX (1839)

—, *Questions about the Breeding of Animals* (London, 1839)

—, *The Structure and Distribution of Coral Reefs: Being the First Part of the Geology of the Voyage of the 'Beagle', under the Command of Capt. FitzRoy, R.N. during the Years 1832 to 1836* (London, 1842)

—, *Geological Observations on the Volcanic Islands Visited during the Voyage of HMS 'Beagle', Together with Some Brief Notices of the Geology of Australia and the Cape of Good Hope: Being the Second Part of the Geology of the Voyage of the 'Beagle', under the Command of Capt.FitzRoy, R.N. during the Years 1832 to 1836* (London, 1844)

—, Journal of Researches into the Natural History and *Geology*

of the Countries Visited during the Voyage of hms 'Beagle' round the World, 2nd edn (London, 1845)
—, *Geological Observations on South America: Being the Third Part of the Geology of the Voyage of the 'Beagle', under the Command of Capt. FitzRoy, R.N. during the Years 1832 to 1836* (London, 1846)
—, *A Monograph on the Fossil Lepadidae; or, Pedunculated Cirripedes of Great Britain,* Vol. I (London, 1851)
—, *A Monograph of the Sub-class Cirripedia, with Figures of All the Species, Vol. I: The Lepadidae; or, Pedunculated Cirripedes* (London, 1851)
—, *A Monograph of the Sub-class Cirripedia, with Figures of All the Species,* Vol. II: *The Balanidae (or Sessile Cirripedes); the Verrucidae* (London, 1854)
—, *A Monograph on the Fossil Balanidae and Verrucidae of Great Britain,* Vol. II (London, 1854)
—, *On the Origin of Species by Means of Natural Selection, or the Preservation of Favoured Races in the Struggle for Life,* 3rd edn (London, 1861)
—, *On the Various Contrivances by Which British and Foreign Orchids Are Fertilised by Insects* (London, 1862)
—, 'On the Movements and Habits of Climbing Plants', *Journal of the Linnean Society of London:* Botany, IX (1865)
—, *Queries about Expression* (Down House, 1867)
—, *The Variation of Animals and Plants under Domestication,* 2 vols (London, 1868)
—, *On the Origin of Species by Means of Natural Selection, or the Preservation of Favoured Races in the Struggle for Life,* 5th edn (London, 1869)
—, *The Descent of Man, and Selection in Relation to Sex,* 2 vols (London, 1871)
—, *The Expression of the Emotions in Man and Animals* (London,

1872)
—, *Insectivorous Plants* (London, 1875)
—, *The Movements and Habits of Climbing Plants,* 2nd edn (London, 1875)
—, *The Effects of Cross and Self Fertilisation in the Vegetable Kingdom* (London, 1876)
—, 'A Biographical Sketch of an Infant', *Mind: A Quarterly Review of Psychology and Philosophy,* II/7 (July 1877)
—, *The Different Forms of Flowers on Plants of the Same Species* (London, 1877)
—, 'Preliminary Notice', in Ernst Krause, *Erasmus Darwin* (London, 1879)
—, *The Power of Movement in Plants* (London, 1880)
—, *The Formation of Vegetable Mould, through the Action of Worms, with Observations on Their Habits* (London, 1881)
—, *The Foundations of the Origin of Species: Two Essays Written in 1842 and 1844* (Cambridge, 1909)
—, 'Darwin's Notebooks on Transmutation of Species. Part ii. Second Notebook [C] (February–July 1838)', *Bulletin of the British Museum (Natural History),* II/3 (1960)
—, 'Darwin's Notebooks on Transmutation of Species. Part iii. Third Notebook [D] (15 July–2 October 1838)', *Bulletin of the British Museum (Natural History),* II/4 (1960)
—, 'Darwin's Notebooks on Transmutation of Species. Part iv. Fourth Notebook [E] (October 1838–10 July 1839)', *Bulletin of the British Museum (Natural History)*, II/5 (1960)
—, 'Darwin's Notebooks on Transmutation of Species Addenda and Corrigenda', *Bulletin of the British Museum (Natural History),* II/6 (1961)
—, 'Darwin's Notebooks on Transmutation of Species, Part vi. Pages Excised by Darwin', *Bulletin of the British Museum (Natural History),* III/5 (1967)

—, *Charles Darwin's Natural Selection: Being the Second Part of His Big Species Book Written from 1856 to 1858,* ed. R. C. Stauffer (Cambridge, 1975)

—, 'Darwin's Notebooks on Transmutation of Species, The Red Notebook of Charles Darwin', *Bulletin of the British Museum (Natural History),* 7 (1980)

—, *The Correspondence of Charles Darwin,* ed. F. Burkhardt et al., vols I–XXVII, 1821–79 (Cambridge, 1985–2019)

—, and Alfred Russel Wallace, 'On the Tendency of Species to Form Varieties; and on the Perpetuation of Varieties and Species by Natural Means of Selection', *Journal of the Proceedings of the Linnean Society of London: Zoology,* III (20 August 1858)

Darwin, Erasmus, *Zoonomia; or, The Laws of Organic Life,* 3 parts (London, 1794–6)

—, *The Temple of Nature; or, The Origin of Society* (London, 1803)

Darwin, Leonard, 'Quality Not Quantity', *Eugenics Review,* II(1916)

Desmond, Adrian, and James Moore, *Darwin* (London, 1991)

de Vries, Hugo, *Die Mutationstheorie, Versuche und Beobachtungen über die Entstehung von Arten im Pflanzenreich* (Leipzig, 1901–3)

Eliot, George, *Adam Bede* (Edinburgh, 1859)

—, *Mill on the Floss* (Edinburgh, 1860)

—, *Silas Marner* (Edinburgh, 1861)

Freeman, Richard Broke, *Charles Darwin: A Companion* (Folkestone, Kent, 1978)

—, *The Works of Charles Darwin: An Annotated Bibliographical Handlist,* 2nd edn (Folkestone, Kent, 1978)

Galton, Francis, *Inquiries into Human Faculty and Its Development* (London, 1883)

Gould, John, 'On a New Rhea (Rhea Darwinii) from Mr Darwin's Collection', *Proceedings of the Zoological Society of London*, V/51 (1837)

—, *Birds, Part 3 of The Zoology of the Voyage of HMS 'Beagle', under the Command of Captain FitzRoy, R.N., during the Years 1832 to 1836*, ed. C. R. Darwin (London, 1841)

Grant, Robert E., 'Notice Regarding the Ova of the *Pontobdella muricata*, Lam.', *Edinburgh Journal of Science*, VII/1 (Edinburgh, 1827)

[Gray, Asa], 'Review of Darwin's Theory on the Origin of Species by Means of Natural Selection', *American Journal of Science and Arts*, XXIX (1860)

—, '[Review of] On the Origin of Species', *Atlantic Monthly*, VI (1860)

Greg, William Rathbone, 'On the Failure of "Natural Selection" in the Case of Man', *Fraser's Magazine* (September 1868)

Henslow, John Stevens, 'Letter from Professor Henslow', *Macmillian's Magazine*, III (1861)

Herbert, Sandra, *Charles Darwin, Geologist* (Ithaca, ny, 2005)

Hooker, Joseph D., 'An Enumeration of the Plants of the Galapagos Archipelago; with Descriptions of Those Which Are New', *Transactions of the Linnean Society of London*, XX (1844, 1847, 1851)

—, 'On the Vegetation of the Galapagos Archipelago, as Compared with That of Some Other Tropical Islands and of the Continent of America', *Transactions of the Linnean Society of London*, XX (1847, 1851)

Huxley, Julian, *Evolution: The Modern Synthesis* (London, 1942)

Huxley, Thomas Henry, *Evidence as to Man's Place in Nature* (London, 1863)

Jenyns, L., *Fish, Part 4 of The Zoology of the Voyage of hms 'Beagle', under the Command of Captain FitzRoy, R.N., during the*

*Years 1832 to 1836,* ed. C. R. Darwin (London, 1842)
Johnson, Curtis N., *Darwin's Historical Sketch: An Examination of the 'Preface' to the Origin of Species* (Oxford, 2019)
Keynes, Randal, *Annie's Box: Charles Darwin, His Daughter and Human Evolution* (London, 2001)
Krause, Ernst, 'Zeitschrift Fur Einheitliche Weltanschauung Aufgrund Der Entwicklungslehre', *Kosmos,* Vol. XI (October 1879)
Lyell, Charles, *Principles of Geology,* 2 vols, 1st edn (London, 1830, 1832, 1833)
—, *The Geological Evidences of the Antiquity of Man, with Remarks on Theories on the Origin of Species by Variations* (London, 1863)
—, *Principles of Geology,* 2 vols, 10th edn (London, 1866–8)
MacGillivray, William, *A History of British Birds, Indigenous and Migratory,* 5 vols (London, 1837–52)
[Malthus, Thomas Robert], *An Essay on the Principle of Population, as It Affects the Future Improvement of Society with Remarks on the Speculations of Mr. Godwin, M. Condorcet, and Other Writers* (London, 1798)
Matthew, Patrick, *Naval Timber and Arboriculture* (Edinburgh, 1831)
Milner, Richard, *Darwin's Universe: Evolution from A to Z* (Oakland, CA, 2009)
Owen, R., *Fossil Mammalia, Part 1 of The Zoology of the Voyage of HMS 'Beagle', under the Command of Captain FitzRoy, R.N., during the Years 1832 to 1836,* ed. C. R. Darwin (London, 1840)
—, 'Review of Origin & Other Works', *Edinburgh Review,* CXI (1860)
Paley, William, *The Principles of Moral and Political Philosophy* (London, 1785)

—, *Natural Theology or Evidences of the Existence and Attributes of the Deity* (London, 1802)

Petre, Jonathan, 'Church Makes "Ludicrous" Apology to Charles Darwin – 126 Years after His Death', *Daily Mail* (13 September 2008)

Richards, Robert J., *Was Hitler a Darwinian? Disputed Questions in the History of Evolutionary Theory* (Chicago, il, 2013)

Rolle, Friedrich, 'Der Archaeopteryx oder Urvogel der Jura-Zeit', *Hertha*, I (1867)

Stephens, James F., *Illustrations of British Entomology* (London, 1829–32)

Stott, Rebecca, Darwin and the Barnacle: *The Story of One Tiny Creature and History's Most Spectacular Scientific Breakthrough* (London, 2003)

Thomson, Keith, hms Beagle: *The Story of Darwin's Ship* (New York, 1995)

Uglow, Jenny, *The Lunar Men: Five Friends Whose Curiosity Changed the World* (New York, 2002)

von Meyer, H. '*Archaeopterix lithographica* (Vogel-Feder) und Pterodactylus von Solenhofen', *Neues Jahrbuch für Geologie und Paläontologie/Monatshefte* (1861)

Wallace, Alfred Russel, 'On the Law Which Has Regulated the Introduction of New Species', *Annals and Magazine of Natural History ii Series* (1855)

—, *The Malay Archipelago* (London, 1869)

—, *Darwinism: An Exposition of the Theory of Natural Selection, with Some of Its Applications* (London, 1889)

Waterhouse, G. R., *Mammalia, Part 2 of The Zoology of the Voyage of hms Beagle, under the Command of Captain Fitz-Roy, R.N., during the Years 1832 to 1836*, ed. C. R. Darwin (London, 1839)

—, 'Descriptions of Coleopterous Insects Collected by Charles

Darwin, Esq., in the Galapagos Islands', *Annals and Magazine of Natural History, including Zoology, Botany, and Geology,* XVI (1845)

Wedgwood, Barbara, and Hensleigh Wedgwood, *The Wedgwood Circle, 1730–1897: Four Generations of a Family and Their Friends* (London, 1980)

Westbury, Michael, et al., 'A Mitogenomic Timetree for Darwin's Enigmatic South American Mammal *Macrauchenia patachonica*', *Nature Communications,* VIII (2017)

White, Gilbert, *The Natural History and Antiquities of Selborne* (London, 1789)

[Wilberforce, S.], '[Review of] On the Origin of Species, by Means of Natural Selection; or the Preservation of Favoured Races in the Struggle for Life', *Quarterly Review,* CVIII (1860)

Wyhe, John van, *Charles Darwin in Cambridge: The Most Joyful Years* (Singapore, 2014)

—, *The Complete Work of Charles Darwin Online,* http://darwin-online.org.uk, 2006–present

# 致 谢

感谢约翰·范维尔（John van Wyhe）向瑞科图书出版社（Reaktion Books）推荐我为《关键名人传》系列撰写这部达尔文的短篇传记。非常感谢我的好友和同行安娜丽莎·伯塔（Annalisa Berta）和罗杰·萨巴迪尼（Roger Sabbadini）亲切地阅读并评论了手稿的后期版本。我的妻子和好友格洛丽亚·巴德耐心地阅读了手稿的几个版本，这无疑是一种爱的付出。

感谢瑞科图书出版社的编辑和工作人员帮助实现了这个项目。

事实证明，许多在线资源非常有用，包括：生物多样性遗产图书馆、达尔文通信项目、达尔文在线。感谢圣地亚哥州立大学馆际互借让我获得本书所用材料的副本或原件。由于篇幅限制，参考书目提供了无法纳入注释或正文中的文献来源，在此深表感谢。

出 品 人：许　永
出版统筹：林园林
责任编辑：许宗华
特邀编辑：张春馨
封面设计：海　云
内文制作：百　朗
印制总监：蒋　波
发行总监：田峰峥

发　　行：北京创美汇品图书有限公司
发行热线：010-59799930
投稿信箱：cmsdbj@163.com